Rolf Garborg

Segne unsere Kinder

Wie wir unsere Familie
unter den Schutz Gottes stellen

Rolf Garborg

Segne unsere Kinder

Wie wir unsere Familie
unter den Schutz Gottes stellen

Schulte & Gerth

Die amerikanische Originalausgabe erschien im Verlag
White Stone Books
unter dem Titel »The Family Blessing«

Aus dem Amerikanischen übersetzt von Mechthild Bruchmann.
Bibelverse sind, soweit nicht anders angegeben,
der »Gute Nachricht Bibel« entnommen.

Best.-Nr. 815 929
ISBN 3-89437-929-4
1. Auflage Juni 2004
2. Auflage Oktober 2004
Umschlaggestaltung: Ursula Stephan
Umschlagfoto: zefa
Satz: Die Feder Konzeption vor dem Druck GmbH, Wetzlar
Druck und Verarbeitung: GGP Media GmbH Pößneck
Printed in Germany

Für Mary,
meine liebe Frau,
mit der ich seit über dreißig Jahren verheiratet bin.
Sie ist meine wertvollste Freundin,
meine Mutmacherin, Beraterin,
Gefährtin und Mutter
meiner beiden Gottesgeschenke
Carlton und Lisa.

Inhalt

Einleitung

Wenn etwas gut ist, dann kommt es von Gott.
Wenn etwas schlecht ist, kommt es von mir,
und das ist sogar noch schlechter als es aussieht.
A. W. Tozer

Tozers Aussage klingt in meinen Ohren unglaublich richtig. Es scheint fast so, als hätte Gott meine Einstellung jedes Mal auf irgendeine Art korrigiert, wenn ich im Begriff war, auf etwas stolz zu sein, das mir gut gelungen und wofür ich gelobt worden war.

Manchmal kam eine solche Korrektur direkt von einem Freund, der ehrlich genug war, mir die Wahrheit über mich zu sagen. Manchmal genügte eine subtile, sarkastische Bemerkung eines Bekannten. Und manchmal war es nur das hohle, leere Gefühl, das mich beschlich, wenn ich ein unverdientes Lob einheimste. Dieses Buch soll als Beispiel für Tozers Aussage dienen. Ich weiß, dass das Segnen der Familie eine gute Sache ist. Es ist ein Geschenk von Gott. Ich weiß, dass Gott uns, wenn wir den Segen aussprechen, als seine Instrumente gebraucht, als Gefäße, durch die er fließen kann. Und weil Gottes Geschenke dazu gedacht sind, dass wir sie weitergeben, habe ich dieses Buch geschrieben.

Ich möchte auf keinen Fall den Eindruck erwecken, dass in dieser Hinsicht für mich alles immer ganz einfach war. Wir als Familie haben trotz allem viele Fehler gemacht, wir hatten unsere Probleme, erlebten Enttäuschungen und Rückschritte. Nur durch Gottes Gnade gelang uns, was gelungen ist, und ich bin dankbar, dass Gott bei uns noch am Werk ist.

Im Laufe der Jahre habe ich anderen Familien erzählt, wie wir unsere Kinder segnen. Die Reaktionen waren fast immer dieselben:

1. »Wie schade, dass ich darüber nicht Bescheid wusste, als meine Kinder noch klein waren.«
2. »Schade, dass meine Eltern das nicht bei mir gemacht haben!« (Dieser Kommentar kam meistens von Teenagern.)
3. »Wie fange ich am besten damit an?«
4. »Welchen Segen sprechen Sie aus und wo findet man Segenssprüche?«
5. »Sie sollten ein Buch darüber schreiben.«

Nun liegt dieses Buch also vor Ihnen. Es soll Ihnen dabei helfen, andere zu segnen, und Ihnen zeigen, wie das Praktizieren des Segnens zu einem wichtigen Bestandteil Ihres Lebens werden kann. Es enthält einige Segenssprüche, die Sie anwenden können, und zeigt Ihnen, was es für Sie bedeuten kann, Ihre Familie zu segnen. Dabei spielt es keine Rolle, in welchem Alter Ihre Kinder sind. Es ist nie zu spät, zu segnen und gesegnet zu werden.

Gott segne Sie beim Lesen dieses Buches!

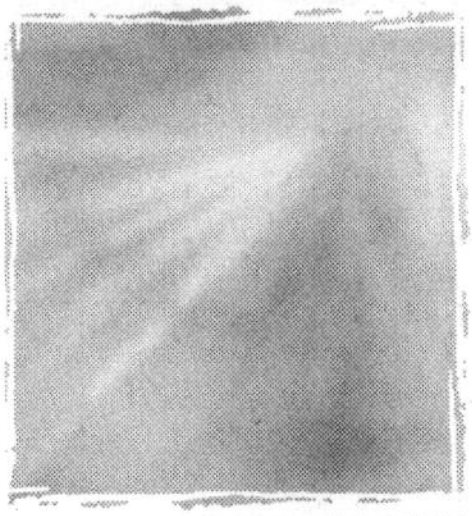

Der Herr segne dich
und behüte dich;
der Herr lasse sein Angesicht
leuchten über dir
und sei dir gnädig;
der Herr hebe sein Angesicht über dich
und gebe dir Frieden.

4. Mose 6,24–26 (Luther)

1. Kapitel

Mit dem Segnen beginnen

Ich erinnere mich noch gut: Es war im Jahr 1972 an einem milden Januarabend in San Juan, Puerto Rico. Die nächtlichen Geräusche der Straße drangen ungehindert durch das offene Schlafzimmerfenster meines kleinen Sohnes, der friedlich schlief.

Ich weiß nicht mehr, wie lange ich in jener Nacht neben Carltons Bett gestanden und darüber nachgedacht habe, was für ein Schatz dieser kleine Kerl für mich war. Bevor Carlton geboren wurde, hatte ich sehr oft Väter mit ihren kleinen Kindern beobachtet. Nun war ich selbst Vater eines fast dreijährigen Sohnes und ich wollte ihm um jeden Preis ein guter Vater sein.

Nimm meinen Segen und nutze ihn zu deiner Ehre.

Carlton rührte sich nicht, als ich mich auf seine Bettkante setzte. Ich beugte mich über seinen kleinen Körper und betete im Stillen: *Herr Jesus, du hast uns ein Beispiel gegeben, wie du für diese Kleinen gesorgt hast, als du sie in deine Arme genommen und sie gesegnet hast. Nun möchte ich dasselbe für mein Kind tun. Nimm meinen Segen und nutze ihn zu deiner Ehre.* Dann legte ich meine Hand vorsichtig auf sein Köpfchen und flüsterte in sein Ohr einen Segen, den ich schon oft im Gottesdienst gehört hatte, und fügte Carltons Namen ein:

Der Herr segne dich, Carlton, und behüte dich;
der Herr lasse sein Angesicht leuchten über dir
und sei dir gnädig;
der Herr hebe sein Angesicht über dich und gebe dir Frieden.
Im Namen des Vaters und des Sohnes und des Heiligen Geistes.
Amen.

Das kam mir ganz natürlich vor, einfach selbstverständlich. Ich hatte das Gefühl, dass ich getan hatte, was Gott von mir wollte.

Bevor ich aufstand und Carltons Zimmer verließ, gab ich ihm einen Kuss auf die Wange, sagte ihm, dass ich ihn liebe, und wischte mir die Tränen vom Gesicht. Danach schlich ich im Dunkeln durch das Haus und dankte Gott von Herzen, dass er uns diesen Sohn geschenkt hatte und dass er sein Leben segnen würde. Damals ahnte ich nicht, dass sich diese Szene in den folgenden Jahren tausendfach wiederholen würde.

Diese einfache Geste würde das Leben unserer Kinder beeinflussen.

Das war der erste Abend, an dem ich meinen Sohn segnete. Dieses Konzept des Segnens war ganz neu für mich und ich verstand auch noch nicht so genau, was es damit auf sich hatte. Doch nachdem ich mit einem Vater gesprochen hatte, der seine Kinder jeden Abend segnete, war ich mir sicher: Diese einfache Geste würde das Leben unserer Kinder beeinflussen.

In jenem Jahr fiel mein Blick auf einen neuen Bestseller mit dem Titel *The Christian Family* (dt.: Die christliche Familie) von Larry Christensen[1]. In seinem Buch zeigt der Autor, der damals Pastor einer lutherischen Kirche in San Pedro, Kalifornien, war, anhand der Bibel Gottes Ordnungen für die Familie auf und stellte dar, wie wir Jesus praktisch in unser Familienleben mit einbeziehen können. Ich war sofort von der Schlichtheit der Botschaft dieses Buches eingenommen und fing an, es anderen weiterzuempfehlen.

Als sich die Gelegenheit bot, nahm ich sie freudig wahr und lud Larry Christensen zu uns nach Puerto Rico ein. Er sagte zu und verbrachte eine Woche auf unserer Missionsstation. Eines Abends fragte ich Larry nach dem Kapitel seines Buches, das sich mit dem abendlichen individuellen Segen für die eigenen Kinder befasste. Er erzählte, dass er und seine Frau Nordis zu der Zeit mit ihren vier kleinen Kindern in West-Deutschland lebten, als sie zum ersten Mal von dieser Idee hörten. Sie hatten damals das Ehepaar Hans-Jochen und Elisabeth Arp kennen gelernt, das diesen Brauch pflegte.

Hans-Jochen hatte ihnen erzählt, wie er über jedem seiner sechs Kinder einen Segen sprach, wenn sie abends im Bett lagen. Auch wenn er spät nach Hause kam und die Kinder bereits schliefen, ging er in ihre Schlafzimmer und segnete sie.

Das hatte Larry und Nordis so beeindruckt, dass sie noch am gleichen Abend ihre eigenen Kinder segneten. Zunächst erklärten sie ihren Kindern, was sie taten und warum. Bei vier Kindern dauerte es natürlich eine Weile, jedem einen persönlichen Segen zu geben, aber sie blieben dabei und segneten treu ihre Kinder, bis jedes Kind erwachsen war. Nun lag es Larry am Herzen, anderen Eltern von diesem Konzept des Segnens zu berichten.

Die Sache machte Sinn. Immerhin wussten wir, dass viele Pastoren ihre Gemeindemitglieder jeden Sonntag am Ende des Gottesdienstes segnen. Oftmals strecken sie dabei ihre Arme über die Menschen aus und rezitieren mit einer symbolischen Geste einen Segen aus der Bibel, zum Beispiel den Segen, den der Hohepriester Aaron über die Israeliten ausgesprochen hat:

»Der Herr segne dich
und behüte dich;
der Herr lasse sein Angesicht leuchten über dir
und sei dir gnädig;
der Herr hebe sein Angesicht über dich
und gebe dir Frieden.«
4. Mose 6,24–26 (Luther)

Anschließend kann man anfügen: »Im Namen des Vaters und des Sohnes und des Heiligen Geistes. Amen.«

Eltern haben als »Priester« ihres Hauses ein ähnliches Privileg wie der Pastor, der seine Gemeinde segnet. Sie können zu Hause den gleichen Segen aussprechen, mit dem Pastoren ihre Gemeindemitglieder segnen.

Als wir uns damals mit Larry bis in die Nacht hinein unterhielten, wuchs in mir die Überzeugung, dass dieser Familienbrauch auch für uns richtig sei. Was ich damals noch nicht erkannte, war, wie viel Gutes aus dem Entschluss, unsere Kinder zu segnen, erwachsen würde.

Damals traf ich also eine Entscheidung. Wann und wie auch immer – ich wollte mein Kind jeden Tag segnen, und an jenem Abend fing ich damit an.

Nachdem ich Carlton gesegnet hatte, einigten Mary und ich uns darauf, dass wir dies zu unserem allabendlichen Ritual beim Zubettbringen machen wollten. Ich konnte den nächsten Abend kaum erwarten, um meinen Sohn wieder zu segnen. Dieses Mal war Carlton noch wach.

Während wir mit ihm sprachen, ging mir durch den Kopf, wie es wohl sein würde, wenn wir demnächst jeden Abend zwei Kinder zu segnen hätten. Da machte es bei mir klick. Wir *hatten* doch bereits zwei Kinder! Wir waren ja noch gar nicht fertig mit dem Segnen! In drei Monaten erwarteten Mary und ich unser zweites Kind. Warum also sollten wir nicht schon damit anfangen, sie beide zu segnen? Also streckte ich meine Hand aus, legte sie auf Marys Bauch und betete: »Herr, ich weiß noch nicht, wen du hier für uns vorgesehen hast, aber ich befehle dir dieses Kind, das du uns schenkst, an.« Während ich meine Hand auf Marys Bauch ruhen ließ, redete ich mit dem ungeborenen Kind und segnete es, wie ich Carlton gesegnet hatte.

Am 23. April 1972 erblickte Lisa Faith Garborg strahlend das Licht der Welt, und sie hat seitdem nicht aufgehört zu strahlen. Ein Grund für ihre Freude ist sicher, dass sie bereits bevor sie geboren wurde von ihren beiden Vätern – dem himmlischen und dem irdischen – gesegnet worden ist!

Carlton und Lisa sind inzwischen erwachsen und haben eigene Kinder. Erstaunlicherweise schauen beide aber fast jeden Tag noch bei uns vorbei und holen sich ihren Segen. Der Wunsch meiner Kinder, nach wie vor unseren täglichen Segen zu empfangen, ist nur ein Zeichen für die Auswirkungen, die unser Segen auf ihr Leben hat und auf das ihrer Kinder, wenn sie den Segen an diese weitergeben. Ich weiß, dass der Familiensegen viel mehr als ein Zubettgehritual ist.

Wir wollen im Folgenden das Segnen aus biblischer Sicht betrachten und dabei herausfinden, warum es zu einem so bedeutungsvollen Teil unseres täglichen Familienlebens werden kann.

*»In der Stadt und auf dem Feld
schenkt er euch Gedeihen:
Gesunde Kinder gibt er euch
und reiche Ernten; eure Rinder, Schafe
und Ziegen werden sich vermehren,
Korb und Backtrog nicht leer werden.
Das Glück wird euch begleiten,
wenn ihr auszieht und wenn ihr
wieder heimkehrt.«*

5. Mose 28,3

2. Kapitel

Der biblische Segen

Als Gott Abraham auf den Weg brachte, den er für ihn vorgesehen hatte, schickte er ihn aus seiner Heimat fort in ein unbekanntes Land. Sicherlich ist Abraham mit gemischten Gefühlen losgezogen - genau wie wir mit gemischten Gefühlen unser Elternhaus für immer verlassen haben.

Was hatte Gott sich ausgedacht, um Abraham auf die vor ihm liegende Zeit vorzubereiten und ihm für seinen weiten Weg Mut zu machen? Er *segnete* ihn:

»Ich will dich segnen und dich zum Stammvater
eines mächtigen Volkes machen.
Dein Name soll in aller Welt berühmt sein.
An dir soll sichtbar werden, was es bedeutet,
wenn ich jemand segne.
Alle, die dir und deinen Nachkommen Gutes wünschen,
haben auch von mir Gutes zu erwarten.
Aber wenn jemand euch Böses wünscht,
bringe ich Unglück über ihn.
Alle Völker der Erde werden Glück und Segen erlangen,
wenn sie dir und deinen Nachkommen wohlgesonnen sind.«
1. Mose 12,2-3

Mit diesen Worten sprach der Herr über Abraham einen großartigen Segen aus. Er versprach ihm damit weiteren Segen für die Zukunft und sagte, dass er ihn zum Segen für andere setzen würde – ja, ihn zu einem Segen für die ganze Welt machen wolle. Ganz bestimmt haben diese Worte Gottes Abraham bei den Herausforderungen, denen er sich in den folgenden Jahren gegenübergestellt sah, gestärkt und unterstützt.

Der Gott Abrahams ist ein segnender Gott.

In der Bibel finden wir immer wieder Hinweise darauf, dass der Gott Abrahams ein segnender Gott ist. Die Wörter *Segen* oder *segnen* erscheinen in der Bibel in der einen oder anderen Form etwa 700-mal. Wie es aussieht, haben Abraham und viele andere Menschen der Bibel Gottes Gnade, Kraft und Ermutigung gebraucht, die durch Gottes Segen in ihr Leben strömten.

Aber was ist Segen? Heute gibt es in unserer Sprache zahlreiche Bedeutungen für dieses Wort. Darum wollen wir zwei alte biblische Wörter herausgreifen und an ihnen definieren, was mit Segen gemeint ist.

Das hebräische Wort für Segen im Alten Testament lautet *berakah.* Für die alten Israeliten bedeutete *berakah* die Vermittlung und die Zusicherung der Kraft Gottes durch seine Güte und Gunst. Das geschah gewöhnlich durch das gesprochene Wort und oft unter Handauflegung.[1] Der *berakah* für Abraham bestand darin, dass Gott ihm seine Gunst zusprach, die ihn zum Vater einer großen Nation machen sollte. Und Gott befähigte ihn, diese himmlische Gunst und Macht an die ganze Welt weiterzugeben.

War ein Segen ausgesprochen, konnte er nicht wieder zurückgenommen werden.

Die Hebräer glaubten damals, das gesprochene Wort habe einen großen Einfluss auf Gut und Böse. Auch viele andere Völker im Altertum waren, wie die Hebräer, davon überzeugt, dass ein einmal ausgesprochenes Wort eine Eigendynamik entwickelte. War ein Segen ausgesprochen, konnte er nicht wieder zurückgenommen werden.

So war es auch bei Isaaks Segen. Jakob hatte irrtümlich seinem jüngeren Sohn Jakob den Segen erteilt und nicht seinem Erstgeborenen Esau (1. Mose 27,1-40). In dieser biblischen Geschichte erfahren wir, dass Jakob seinen blinden Vater überlistete und sich als Esau verkleidete. Isaak legte darum seine Hände auf Jakob und sprach ihm den Segen des Erstgeborenen zu, der rechtlich eigentlich Esau zustand. Nachdem Isaak die Segensworte einmal ausgesprochen hatte, war es ihm jedoch nicht mehr möglich, den erteilten Segen von Jakob zurückzufordern, obwohl Jakob sich das Erstgeburtsrecht durch Betrug erschlichen hatte. Das Einzige, was der tieftraurige Vater tun konnte, war, Esau einen zweitrangigen Segen zuzusprechen.

In der Regel wurde ein Segen wie bei Abraham vom Vater über seine Kindern gesprochen. Segen wurde aber auch von angesehenen, bevollmächtigten Männern über Menschen, die ihrer Autorität unterstanden, oder von Priestern ausgesprochen. In einem Segen kam jedoch immer der Name Gottes vor.

Das Wort, das im Neuen Testament am häufigsten mit »segnen« übersetzt wird, ist das griechische Verb *eulogein.* Wörtlich übersetzt bedeutet es »gut über jemanden sprechen« oder ihn »loben«.

Im Alten Testament werden diese Wörter oft benutzt, um Gottes Kraft für einen Menschen zu erbitten. Das wird auch im Neuen Testament besonders deutlich, als Jesus seine Jünger segnete, bevor er zum Himmel auffuhr und ihnen versprach, dass sie von Gott mit der Kraft des Heiligen Geistes aus der Höhe gestärkt würden (Lukas 24,48-51).

Vier Arten von Segen

Um besser zu verstehen, was Segen bedeutet, ist es hilfreich, zwischen Spender und Empfänger des Segens zu unterscheiden. Auf diese Weise haben wir in der Bibel vier verschiedene Segensarten gefunden.

1. Ein Segen, von Gott über sein Volk ausgesprochen
Dies war ein Segen von Gott, mit dem er seinen Beistand versprach. Ein Beispiel hierfür ist der Segen, den er Abraham zusprach.

2. Ein Segen, vom Menschen Gott entgegengebracht
Wenn wir »gut über Gott reden« oder »ihn loben«, segnen wir ihn, wie David es tat: »Lobe den Herrn, meine Seele, und vergiss nicht, was er dir Gutes getan hat« (Psalm 103,2; Luther).
Der Apostel Paulus hat diesen Wunsch in seinem Brief an die Epheser aufgegriffen, als er schrieb: »Gelobt sei Gott, der Vater unseres Herrn Jesus Christus, der uns gesegnet hat mit allem geistlichen Segen im Himmel durch Christus« (Epheser 1,3; Luther).

3. Ein Segen, von Gott oder Menschen über Materielles ausgesprochen
Diese Art des Segens finden wir vor allem in 5. Mose 28. Gott verspricht hier seinem Volk, die ganze Fülle seines Segens über dessen Besitz auszugießen, wenn es auf ihn hört und seine Gebote sorgfältig befolgt: »Gesegnet wird sein ... der Ertrag deines Ackers und die Jungtiere deines Viehs ... Gesegnet wird sein dein Korb und dein Backtrog!« (5. Mose 28,4–5; Luther)
Menschen segnen etwas, indem sie es Gott weihen und es ihm zur Verfügung stellen. Das beste Beispiel hierfür ist das Segnen von Nahrungsmitteln – ein alter jüdischer Brauch, der auch unter vielen Christen bis heute gilt. Als Jesus bei der wundersamen Brotvermehrung Brote und Fische segnete, demonstrierte er gleichzeitig die große Kraft, die von einem solchen Segen ausgeht (Matthäus 14,19–21).

4. Ein Segen, von einem Mensch über einen anderen ausgesprochen
Hierbei wurde im Namen Gottes, der die Quelle allen Segens ist, gesegnet. Ein Beispiel hierfür ist der Segen, den Isaak seinem Sohn Jakob gab. Ein weiteres Beispiel ist der Segen, den Aaron über das Volk Israel sprach.

Bei dieser letzten Segensart ist zu bemerken, dass das Wort *Segen* sowohl eine allgemeine als auch eine besondere, eine persönliche, Bedeutung haben kann. Die allgemeine Bedeutung ergibt sich aus der wörtlichen Übersetzung des griechischen Verbs *eulogein* (»gut von jemandem reden, ihn loben«).

Das war es wahrscheinlich auch, was Jesus meinte, als er zu seinen Jüngern sagte: »Segnet die, die euch verfluchen, und betet für alle, die euch schlecht behandeln« (Lukas 6,28). Paulus hat diese Anordnung Jesu befolgt, als er seinen Gegnern liebevoll schrieb: »Wir werden verflucht, aber wir segnen. Wir werden verfolgt, aber wir geben nicht auf. Wir werden beschimpft, aber wir antworten freundlich« (1. Korinther 4,12–13).

Der Segen gewinnt eine besondere, persönliche Bedeutung, wenn ich einem Menschen bewusst Gottes Segen und Kraft zuspreche und damit vielleicht eine Geste wie das Handauflegen verbinde. In dieser Weise hat Isaak seinen Sohn Jakob gesegnet und Jakob gab diesen Segen in gleicher Weise an seine Söhne weiter (1. Mose 48,8–49,28). Genauso hat Jesus seine Jünger (Lukas 24,50) und die Kinder (Markus 10,16) gesegnet.

In diesem Buch wollen wir die besondere und allgemeine Bedeutung des Segens innerhalb des Familienlebens berücksichtigen. Sobald wir in unserer alltäglichen Konversation zu Hause die Macht des gesprochenen Wortes im Guten wie im Bösen erkennen, können wir lernen, die gute Macht bewusst zum Segen unserer Kinder einzusetzen.

»Wie glücklich ist ein Mensch,
der den Herrn achtet und ehrt
und sich nach seinen Geboten richtet!
Was deine Arbeit dir eingebracht hat,
das wirst du auch genießen ...
Da ist deine Frau in deinem Haus;
sie gleicht einem fruchtbaren Weinstock.
Da sind die Kinder um deinen Tisch,
zahlreich wie frische Ölbaumtriebe.
So segnet der Herr den Mann,
der ihn achtet und ehrt.
Der Herr segne dich ...!
Solange du lebst, sollst du sehen,
dass es Jerusalem gut geht,
und auch die Kinder deiner Kinder
sollst du sehen!
Glück und Frieden komme über Israel!«

Psalm 128

3. Kapitel

Die Familie segnen

Das Hit-Musical und der gleichnamige Film »Anatevka« hat viele tausend Eltern mit seiner charmanten Liebesgeschichte und seinen Familienkonflikten bewegt. Viele Eltern können sich mit den Hoffnungen und Ängsten, den Überzeugungen und Fragen von dem jüdischen Papa Tevje und von Mama Golda identifizieren, die sich bemühen, ihre Kinder nach Gottes Maßstäben zu erziehen und sie damit auf ein glückliches, verantwortungsbewusstes Leben als erwachsene Menschen vorzubereiten.

Eine der pointierten Szenen des Musicals zeigt, wie sich die Familie zum Sabbatmahl um den Tisch versammelt und die alten Bräuche pflegt, die zu diesem Mahl gehören. Die Mutter zündet die Sabbatkerzen an, betet und singt zusammen mit ihrem Mann für die Kinder das »Sabbatgebet«, ein einfaches Segenslied, das ihre Wünsche für ihre Töchter zum Ausdruck bringt:

»Der Herr segne und behüte euch,
er bewahre euch immer vor Scham und Schande;
mögen eure Namen in Israel hohes Ansehen genießen.
Wie Ruth und Esther sollt ihr zu Ehren gelangen.
Stärke sie, o Herr, und halte sie fern von bösen Wegen.
Der Herr segne euch und gewähre euch ein langes Leben.

Der Herr erhöre unser Sabbatgebet für euch.
Der Herr mache euch zu guten Müttern und Frauen.
Er schenke euch Ehemänner, die gut für euch sorgen.
Der Herr schütze und verteidige euch,
der Herr halte Unglück und Schmerz von euch fern.
Segne Sie, o Herr, mit Glück und Frieden.
O erhöre unser Sabbatgebet. Amen.«[1]

Welche Eltern hören nicht aus diesen Worten das Echo ihrer tiefsten Herzenswünsche? Und doch: Wer von uns pflegt noch eine regelmäßige Mahlzeit, bei der wir als Vater und Mutter ähnlich kraftvolle Worte für unsere Kinder sprechen?

Christliche Familien können die jüdische Tradition der Tischgemeinschaft, wo Eltern ihren Kindern einen auf sie abgestimmten Segen zusprechen, übernehmen, indem sie diesen biblischen Brauch ihrer eigenen Familie anpassen.

Sie können einen Segen sprechen oder singen. Sie können dies täglich, wöchentlich oder zu besonderen Gelegenheiten tun. Sie können dazu eine Bibelstelle aussuchen oder anhand der Heiligen Schrift selbst einen passenden Segen formulieren. Wenn Sie sich bereit erklären, Ihre Kinder zu segnen, kann der Familiensegen – wie er in dem bekannten Musical auf der Bühne so wunderbar dargestellt wurde – auch in Ihrem Hause praktiziert werden. Ein solcher Segen wird Ihre Kinder von Gottes Liebe überzeugen, wenn Sie die Güte und Gnade des himmlischen Vaters in ihren Lebensalltag hineinsprechen.

Das höchste Gut unserer Kinder

Als Jesus vor zweitausend Jahren auf die Erde kam, wollte er eine überwältigende Aufgabe erfüllen: Er wollte uns damit das Höchste schenken, was es gibt, nämlich, dass wir Gott von ganzem Herzen kennen und lieben lernen. Lesen Sie einmal in Johannes 17,3–4 nach, was er im Gebet zu seinem Vater sagte: »Und das ewige Leben besteht darin, dich zu erkennen, den einzig wahren Gott, und den,

den du gesandt hast, Jesus Christus. Ich habe deine Herrlichkeit auf der Erde sichtbar gemacht, denn ich habe die Aufgabe erfüllt, die du mir übertragen hast.«

In Lukas 10,25–28 antwortet Jesus einem Gesetzeslehrer auf die Frage: »Lehrer, was muss ich tun, um das ewige Leben zu bekommen?« mit einer Gegenfrage: »Was steht denn im Gesetz? Was liest du dort?« Der Lehrer antwortete: »Liebe den Herrn, deinen Gott, von ganzem Herzen, mit ganzem Willen und mit aller deiner Kraft und deinem ganzen Verstand! Und: Liebe deinen Mitmenschen wie dich selbst!« Darauf sagte Jesus: »Du hast richtig geantwortet. Handle so, dann wirst du leben.«

Jesus ist gekommen, um sich für uns hinzugeben.

Die einzige und größte Sorge, die wir als Eltern haben sollten, sollte die gleiche große Sorge sein, die Jesus um uns hat: Es sollte in erster Linie unser Ziel sein, dass wir unseren Kindern helfen, Gott kennen zu lernen und ihn von ganzem Herzen zu lieben.

Wie kann das geschehen? Indem wir ihnen täglich eine ganz konkrete Berührung mit Gottes Kraft und Liebe verschaffen, ihnen die Hände auflegen und ihnen Gottes Segen zusprechen. Das ist der einfachste und wirkungsvollste Weg, wie wir unseren Kindern helfen können, Gott kennen und lieben zu lernen.

Der Gedanke, dass Vater oder Mutter über einem Kind den Segen spricht, mag ungewohnt erscheinen. Doch das Segnen hat durchaus einen geistlichen Ursprung. Es ist ein alter und sehr geschätzter Brauch, der bis in biblische Zeiten zurückreicht. Offensichtlich hat sich der Segen für das Volk Gottes tatsächlich aus dem Familiensegen entwickelt. Der Priester oder eine andere Autoritätsperson, die über dem Volk Israel den Segen aussprach, *ergänzte* nur den ursprünglichen Segen – den Segen, den der Vater seinen Kindern gab.

Selbst Menschen, die noch nie einen solchen Segen vom Vater beziehungsweise der Mutter empfangen oder selbst erteilt haben, haben Segen wahrscheinlich schon in verschiedensten Zusammenhängen erlebt, zum Beispiel am Ende eines Gottesdienstes oder in der soeben beschriebenen Szene von »Anatevka«. In vielen Geschichten im Alten Testament geht es um diesen Brauch. Einige haben wir bereits erwähnt: Isaak segnete seinen Sohn Jakob (1. Mose 27), Jakob segnete seine Söhne und Enkelsöhne (1. Mose 48,8–49,33), der Priester Melchisedek segnete Abraham (1. Mose 14,18–20), der Hohepriester Aaron segnete das Volk Israel (4. Mose 6,23–27) und der Prophet Bileam segnete die Stämme seines Volkes Israel (4. Mose 23,7–24,9).

Wie wir unsere Familie segnen

Wir haben in unserer Familie ganz schlicht mit dem Segnen der Kinder angefangen.

Jeden Abend legte ich zur Schlafenszeit meine Hände auf den Kopf eines jeden Kindes und sprach den Aaronitischen Segen aus 4. Mose 6,24–26. Dann fügte ich zum Schluss die Worte »im Namen des Vaters und des Sohnes und des Heiligen Geistes« hinzu und segnete jedes Kind persönlich, indem ich seinen Namen einsetzte.

Das war nicht schwer. Wir haben unseren Kindern jeden Abend den gleichen Segen zugesprochen. Und für sie wurde das zu einem Merkmal für sicheren Schutz und zum Zeichen für die unaufhörliche Liebe ihrer Eltern.

Obwohl unser Segen ganz unkompliziert war, schienen unsere ausgefüllten Terminkalender das Segnen zeitweise zu erschweren. Ein wenig Flexibilität half uns allerdings, unsere Kinder in all den Jahren dennoch täglich zu segnen.

Zu biblischen Zeiten ging man davon aus, dass bestimmte Menschen eine besondere Vollmacht hätten zu segnen oder zu heilen. Das waren zum Beispiel Priester, Propheten und Väter. Aber im Grunde konnte jeder einen Segen erteilen. Das ist ganz wichtig zu wissen, damit das Segnen auch heute in Ihrem Zuhause zu einem festen Bestandteil werden kann.

Bei uns war es so, dass ich als Ehemann und Vater die Rolle des Segnenden übernommen habe. Da ich aber geschäftlich viel auf Reisen war, war ich nicht immer da, um den Segen zu erteilen.

Das Wissen darum, dass jeder diesen Segen an die Kinder weitergeben kann, nahm mir die Sorgen bei der Planung meiner Reisen. Wenn ich nicht zu Hause war, übernahm Mary die Verantwortung und segnete die Kinder. Sie segnete sie auch oft gemeinsam mit mir, wenn ich zu Hause war.

War ich geschäftlich unterwegs, rief ich sooft wie möglich zu Hause an. Nachdem ich mir die Tagesereignisse von meinen beiden Kindern angehört hatte, segnete ich jedes Kind einzeln am Telefon. Häufig baten die Kinder, wenn sie fürchteten, ich könne vergessen, sie zu segnen, oder wenn sie selbst ausgehen wollten: »Dad, kannst du mir jetzt deinen Segen geben?« Sie wollten ihren Segen unter gar keinen Umständen verpassen und hielten an dieser Gepflogenheit fest. Das trug dazu bei, dass das Segnen zu einem festen, dauerhaften Bestandteil unseres Familienlebens wurde.

Jesus segnete die Kinder

Als Jesus auf dieser Erde war, unterlag er denselben physikalischen Gesetzen wie wir. Er war hungrig, durstig und sehnte sich nach Ruhe.

Er war menschlich so anfällig, wie wir es sind. Vielleicht war das der Grund, warum er sich von Zeit zu Zeit zurückzog. Als Mensch müssen ihm die Jünger, die drei Jahre lang Tag und Nacht um ihn herum waren, ungeheuer auf die Nerven gegangen sein! Er hörte sie nicht nur darüber streiten, wer im Himmel neben ihm sitzen würde (Markus 10,35-41), sondern er kannte auch ihre Gedanken (Lukas 9,46-48)! Zu wissen, was in den Herzen der Jünger vor sich ging, muss ihm ungeheure Schmerzen verursacht haben.

Oft machte Jesus den Erwachsenen Mut, von den Kindern zu lernen.

Und doch gab es einige Menschen, die Jesus – da bin ich mir ganz sicher – jederzeit willkommen waren: die Kinder. Oft machte er den Erwachsenen Mut, von den Kindern zu lernen, und es gilt auch heute noch, dass wir wie sie werden müssen, wenn wir in Gottes neue

Welt gelangen wollen (Matthäus 18,1–6). Bei einer besonderen Gelegenheit dürfen wir Einblick nehmen, wie wichtig ihm die Kleinen sind:

»Einige Leute wollten ihre Kinder zu Jesus bringen,
damit er sie berühre; aber seine Jünger fuhren sie an
und wollten sie wegschicken.
Als Jesus es bemerkte, wurde er zornig und sagte zu den Jüngern:
›Lasst die Kinder doch zu mir kommen und hindert sie nicht daran,
denn für Menschen wie sie steht Gottes neue Welt offen.
Ich versichere euch: Wer sich Gottes neue Welt nicht schenken lässt
wie ein Kind, wird niemals hineinkommen.‹
Dann nahm er die Kinder in die Arme,
legte ihnen die Hände auf und segnete sie.«
Markus 10,13–16

Als Jesus diese Kinder in seine Arme schloss und ihnen die Hände auflegte und sie segnete, war das nichts Neues für Jesus und die Menschen, die um ihn herum standen. Er tat schlicht und einfach das, was ein guter jüdischer Vater oder Rabbi auch getan hätte. Was er tat, war für seine Zuhörer wie auch für uns eine Lektion darüber, wie wichtig Kinder sind und wie wichtig es ist, ihnen Gott als Vater nahe zu bringen.

Manchmal habe ich gedacht: *Wie schade, dass ich nicht eins von den Kindern war, die Jesus in seinen Armen hielt und gesegnet hat.* Aber sehr wahrscheinlich waren sich jene Kinder der Bedeutung dieses Erlebnisses gar nicht bewusst. Obwohl Jesus der Sohn Gottes ist und sein Segen bestimmt sehr wertvoll war, lag der Wert seiner einmaligen Kindersegnung vielmehr darin, dass er den zuschauenden Erwachsenen demonstrierte, wie sie mit ihren Kindern umgehen sollten. Für die Menschen, die seinem Beispiel folgten, bestand der eigentliche Segen für ihre Kinder darin, dass sie in Zukunft von ihren Eltern gesegnet wurden.

Die Kindersegnung ist heute genauso wichtig wie zur Zeit Jesu.

Kindersegnung ist heute genauso wichtig, wie sie es zur Zeit Jesu war. Bei den Versuchungen in unserer Gesellschaft, die von allen Seiten auf unsere Kinder einstürmen, brauchen sie einen sicheren Schutzwall, der sie umgibt. Und je früher wir beginnen, diesen Wall zu bauen, umso sicherer werden sie sein, wenn Versuchungen kommen.

Die Schutzmauer, die unsere Kinder brauchen, besteht aus unserer Liebe. Sie wächst Stein um Stein, jedes Mal, wenn wir unserer Kinder segnen.

»Der Herr gebe dir Antwort,
wenn du in Not gerätst
und zu ihm schreist;
er selbst, der Gott Jakobs,
sei dein Beschützer ...
Er erfülle die Wünsche deines Herzens
und lasse alle deine Pläne gelingen ...
Der Herr gebe dir alles,
worum du ihn bittest.«

Psalm 20,1.2.5.6

4. Kapitel

Was Segnen bewirkt

Das Segnen ist, wie die Bibel zeigt, eine uralte Praxis, die zahllose Eltern im Laufe der Jahrtausende aufrechterhalten haben und die für viele bis heute wertvoll und unverzichtbar ist. Trotzdem kann ich mir vorstellen, dass Sie sich fragen: *Funktioniert das denn wirklich?*

Wenn wir uns bei »funktionieren« einen mechanischen Vorgang vorstellen, wobei dem Kind oben der Segen aufgelegt wird und unten anschließend ein braves Kind herauskommt, ist der Wert des Segnens schwerlich nachzuweisen. Bestünde ein solcher Zusammenhang, so wäre dies reine Manipulation.

Jedoch lässt sich da, wo Kinder regelmäßig gesegnet werden, eine positive Einstellung der Kinder zu dieser Praxis des Segnens feststellen. Bei uns hatte sich einmal eine Situation ergeben, die deutlich macht, wie wichtig es Carlton und Lisa war, dass ich sie segnete.

Segen gibt Sicherheit

Es gab eine Zeit, in der mein Beruf verlangte, dass ich häufig für zwei bis fünf Wochen ins Ausland reiste. Etwa einmal pro Woche rief ich dann zu Hause an und segnete die Kinder. Am Abend vor einem solchen Auslandsaufenthalt brachte ich unsere damals elfjährige Tochter zu Bett. »Wie lange wirst du dieses Mal fort sein, Papa?«, fragte Lisa.

»Etwa vier oder fünf Wochen«, antwortete ich.

»Nein, ich meine, wie viele Nächte wirst du weg sein?« Sie wollte es ganz genau wissen.

Ich holte meinen Terminkalender und zählte ihr die genaue Anzahl der Nächte vor.

»32 Nächte«, stellte ich fest. »Warum fragst du?«

»Nun«, zögerte Lisa, »dann musst du mich jetzt 32-mal segnen.«

Ich zuckte zusammen, als ich ihre Bitte hörte, aber dann dachte ich mir: *Warum eigentlich nicht?* Also stimmte ich zu. Weil 32 Segensgebete eine Weile dauern würden, machte ich es mir neben ihr bequem und legte meine Hand auf ihren Kopf. Dann begann ich: »Der Herr segne und behüte dich, Lisa ...« Ich betete den vollen Segen nach 4. Mose 6,24–26, den ich meinen Kindern nun schon seit Jahren zusprach.

Als ich damit fertig war, sagte Lisa: »Das war der Erste, Papa. Und jetzt noch 31-mal!«

Als ich nach einiger Zeit den letzten Segen beendet hatte (wobei Lisa die ganze Zeit mitgezählt hatte), gähnte sie und meinte: »Okay, Papa. Jetzt kannst du verreisen.« Ich hatte meine Pflicht getan. Lisa fühlte sich sicher. Sie wusste, alles würde in Ordnung gehen, auch wenn Papa sehr weit weg von Zuhause war. Natürlich hatte dieser 32-mal gesprochene Segen nicht mehr Kraft, als wenn ich ihn im Glauben nur einmal gesprochen hätte.

Aber mein Segen für jeden einzelnen der 32 Abende gab Lisa die Sicherheit, dass ich mich für ihr Wohlergehen verantwortlich fühlte.

Wenn Sie darüber nachdenken, inwiefern die positive Einstellung der Kinder zum Familiensegen zeigt, was das Konzept des Segens für ihr Leben bedeutet, dann fragen Sie sich vielleicht, ob die gesprochenen Worte den Kindern, vor allem den ganz Kleinen, überhaupt etwas sagen. Sie kommen vielleicht zu dem Schluss, dass die Kinder vor allem darauf positiv reagieren, dass sich ihre Eltern ein paar Minuten Zeit für sie ganz persönlich nehmen.

Ich würde Ihnen darin zustimmen, dass Kinder unbedingt die ungeteilte elterliche Aufmerksamkeit brauchen, damit ihnen mit dem Segen Gottes Liebe übermittelt werden kann. Aber es gibt auch viele Kinder, die sehr wohl genau hinhören, was gesagt wird.

Einer meiner Freunde segnet seine Kinder ebenfalls schon seit einigen Jahren jeden Abend. Er hat mit einem schlichten »Gott segne dich mit Gnade und Frieden, in Jesu Namen, amen« begonnen, aber im Verlauf der folgenden Monate, als er sich überlegte, was er seinen Kindern von Herzen wünschte, wurde sein Segen länger.

Inzwischen legt er jedem seiner Kinder die Hände auf und spricht die folgenden Worte:

»Gott segne dich mit Gnade und Frieden,
Kraft und Schutz,
Gesundheit und Heilung,
Heiligkeit und Gottesfurcht,
Reichtum und Erfolg und
der Frucht und den Gaben des Heiligen Geistes,
in Jesu Namen,
amen.«

Das ist ein wunderbarer Segen, der sich auch Erwachsenen leicht einprägt, wenn er jeden Abend wiederholt wird und der Vater ihn jederzeit auswendig aufsagen kann.

Trotzdem hatte mein Freund, als er nach einem anstrengenden Tag erschöpft nach Hause kam und seine Kinder segnete, versehentlich einen Teil seines Segens vergessen. Sofort unterbrach ihn seine jüngste Tochter.

»Papa«, sagte sie, »vergiss nicht die Kraft und den Schutz. Das ist wichtig!«

Sogar eine Sechsjährige passte genau auf, weil sie wusste, dass jedes Wort wichtig ist.

In unserer hoch technologisierten Welt erwarten wir mehr und mehr Instant-Resultate. Aber ich bin ein wenig skeptisch gegenüber Praktiken, die bei unseren Kindern Instant-Veränderungen versprechen. Es gibt keinen Zweifel daran, dass sich Ergebnisse bei unseren Kindern, auch durch unseren Segen, hin und wieder sofort zeigen. In der Regel stellt sich der Segen jedoch viel später ein. Und manchmal ist allein Gott Zeuge der Veränderungen.

Der Chinesische Bambusbaum

Zig Ziglar erzählt die Geschichte des Chinesischen Bambusbaums. Wenn der Same dieses Baumes in die Erde gelegt wird, lässt er keinen Spross hervorschießen, sondern er legt sich zunächst einmal »schlafen«. Keine noch so gute Pflege oder Zufuhr von Nährstoffen kann ihn aufwecken.

Der Chinesische Bambus schlummert fünf Jahre lang in der Erde ohne ein Zeichen des Wachstums. Eines Tages beginnt er plötzlich zu wachsen und wächst zu einem achtzehn Meter hohen Baum.

Auch wenn der Same jahrelang kein sichtbares Zeichen von Wachstum zeigt, braucht er die gleiche Pflege wie jede andere Pflanze auch. Ohne Pflege während seiner Inkubationszeit würde aus dem Samen kein Baum. Weil die Landwirte das wissen, pflegen sie den Samen, obwohl sie kein sichtbares Resultat erkennen können.[1] Kinder können wie ein solcher Chinesischer Bambusbaum sein. Als Eltern tun wir alles, was wir für ihr Wachstum für gut und richtig halten. Und doch könnten wir manches Mal verzweifeln, wenn wir kein sofortiges Wachstum oder keine positive Veränderung bei unseren Kindern feststellen können. Manchmal machen wir uns so große Sorgen um ihre Fortschritte, dass wir den Samen frustriert umgraben und damit all das Gute, was wir angelegt haben, vernichten.

Hat ein Kind sich einmal eigenständig entschieden, dem Herrn sein volles Vertrauen zu schenken, ist ein Rückschritt für seine Eltern besonders frustrierend. In der Pubertät beginnen die lieben, kleinen, gehorsamen Kinder sehr häufig, alles zu hinterfragen und sich gegen ihre Eltern und ihren Glauben aufzulehnen. Ja, es kann so aussehen, als würden sie sich bewusst mit Vollgas in die falsche Richtung bewegen und Dinge tun, von denen sie wissen, dass sie falsch sind.

Wie sollen sich Eltern in einem solchen Fall verhalten? Sollen wir die Kinder zwingen, den Glauben zu akzeptieren, »weil sonst ...«?

Oder hegen und pflegen wir den Boden weiterhin und halten uns daran, dass die Saat eines Tages zu einem reifen Baum heranwachsen wird?

Obwohl man in solchen Situationen leicht aufgibt, müssen wir daran denken, dass wir im Grunde unseres Herzens wollen, dass unsere Kinder ihren *eigenständigen* Glauben an Gott gewinnen und nicht den Glauben ihrer Eltern übernehmen. Manchmal wird der Glaube leicht und locker übernommen; manchmal ist die Zeitspanne lang und schmerzlich. Doch wenn wir auf Kurs bleiben, unter Gebet das tun, was wir als richtig erkennen, wird der Baum früher oder später zu wachsen beginnen, und dann wird er stark und gut verwurzelt sein.

Indem Sie Ihre Kinder während dieser schwierigen Monate und Jahre weiterhin treu segnend begleiten, werden sie ein Element Ihres Glaubens kennen lernen, das sie vielleicht nirgendwo sonst zu sehen bekommen. Ihr beständiges, unerschütterliches Vertrauen in das, was aus Ihren Kindern werden wird, wird diesen helfen, in diese Richtung hin zu reifen.

Der Segen des Segnens

Gott möchte uns mit seiner Liebe überschütten und unseren Gehorsam reich und überschwänglich belohnen – und manchmal sogar sehr schnell. Sein Lohn kommt, wie seine Verheißungen bestätigen, auf vielerlei Weise:

Gott, dem ich diene, wird euch alles geben, was ihr braucht.
Philipper 4,19

Er wird dir jeden Wunsch erfüllen.
Psalm 37,4

Gott hat seinen Engeln befohlen, dich zu beschützen,
wohin du auch gehst.
Psalm 91,11

Er wird kein Gutes mangeln lassen den Frommen.
Psalm 84,12; Luther

Offenheit und Ehrlichkeit gegenüber Gott und uns selbst sind Geschenke, die sich aus dem Segnen unserer Kinder ergeben. Das haben wir auf jeden Fall im Laufe der Jahre erlebt. Unsere Kinder haben uns immer sehr offen gestanden, wenn sie etwas ausgefressen hatten und wussten, dass es unrecht war.

Gott möchte uns mit seiner Liebe überschütten und unseren Gehorsam reich und überschwänglich belohnen.

Ich erinnere mich an einen ganz speziellen Abend. Carlton war etwa elf Jahre alt. Er rief uns zu sich in sein Zimmer. Wir hatten ihn bereits zu Bett gebracht, mit ihm gebetet, ihm die Hände aufgelegt und ihn gesegnet. Doch als er anschließend allein im Dunkeln lag, dachte er über einiges nach, was er am Tag angestellt hatte. Er wusste, dass er etwas getan hatte, was nicht in Ordnung war. Und er wusste, Gott konnte ihm keinen Frieden geben, bis er seine Schuld eingestanden und die Dinge in Ordnung gebracht hatte.

So dauerte es auch nicht lange, bis Tränen flossen und er sein Unrecht gestand. Wir hörten zu, wie er betete und Gott um Vergebung bat und darum, dass er ihm helfen würde, so etwas nicht wieder zu tun. Wir redeten mit ihm und versicherten ihm, dass Gott sein Gebet erhört und ihm vergeben habe. Auch wir vergaben ihm. Und dann beteten wir noch einmal miteinander.

Als wir zur Türe gingen, rief er: »Mama und Papa, mir ist, als wäre ich gerade einen ganz schweren Rucksack losgeworden!« Mary und ich freuten uns mit ihm über seine Erleichterung und wussten, dass Gott bei ihm am Werk war. Wir haben uns immer wieder gewundert, dass unsere beiden Kinder so offen mit uns geblieben sind und uns immer erzählen können, was in ihnen vorgeht.

Schon früh stellten wir fest, dass unsere Verantwortung, die wir als Eltern vor Gott haben, darin besteht, dass wir unsere Kinder anleiten, Gott kennen zu lernen und ihm von ganzem Herzen zu vertrauen und ihn zu lieben. Gleichzeitig besteht unsere größte Verantwortung unseren Kindern gegenüber darin, dass wir ihnen durch unser Leben vermitteln, wie Gott ist. Was sie bei uns sehen, hat einen großen Einfluss darauf, was für ein Bild sie von Gott haben.

Wenn wir etwas besitzen, das für uns sehr wertvoll ist, gehen wir besonders sorgsam damit um und passen auf, dass es nicht beschädigt oder zerstört wird. Wir geben ihm einen Ehrenplatz und können uns gar nicht vorstellen, unseren Frust oder Ärger an einem solchen Schatz auszulassen. Nein, wir schützen ihn in jeder Weise.

Dasselbe gilt für unsere Kinder. Nachdem wir jahrelang ihr Bedürfnis nach Sicherheit und Akzeptanz sowie ihr Selbstwertgefühl durch tägliches Segnen bestärkt haben, wäre doch das Letzte, was wir tun wollten, das zu zerstören, was wir so sorgsam zu kultivieren versucht haben. So wird das Segnen unserer Kinder zur täglichen Erinnerung, dass wir eine Beziehung zu ihnen aufgebaut und in ihnen eine Gesinnung erweckt haben, die selbst dann geschützt werden muss, wenn wir allen Grund zum Ärger haben.

> *Unsere größte Verantwortung gegenüber unseren Kindern besteht darin, dass wir ihnen durch unser Leben vermitteln, wie Gott ist.*

Als mein Sohn noch klein war, kaufte ich ein neues Auto, das bei weitem das schönste Auto war, das ich bis dahin besessen hatte und natürlich auch das teuerste. Ich war verliebt in dieses Auto und pflegte es mit Hingabe. Ich wusch es häufig und tat alles, um seinen Wert zu erhalten.

An einem schönen Frühlingsmorgen entdeckte ich einen Fußabdruck auf der Motorhaube. Bei näherem Hinsehen erkannte ich unterhalb des Fußabdrucks auch einen Kratzer.

Keine Frage, das war Carltons Fußspur. Mein Herz sank mir in die Hose und mein Ärger stieg mir in den Kopf. Noch heute bin ich dankbar, dass er damals bereits in der Schule war! Ich stellte mich vor mein Auto und fragte mich, warum er wohl auf die Motorhaube gestiegen war. Dann entdeckte ich meine Golfschläger in der Garage auf dem Ablagebrett über dem Auto, dachte an das warme Frühlingswetter und mir war klar, was passiert war.

Als ich zur Arbeit fuhr, musste ich feststellen, dass der Kratzer auf der Motorhaube genau in meinem Blickfeld lag, sodass ich ihn jedes Mal, wenn ich hinter dem Lenkrad meines Wagens saß, sehen konnte. Da er an einer so markanten Stelle war, kam mir sofort in den Sinn: Der Kratzer muss weg! Wozu hat man schließlich eine Versicherung?

Doch in meinem Herzen hörte ich den Herrn zu mir sagen: *Lass es. So schlimm ist der Kratzer nicht und außerdem gehört dir der Wagen sowieso nicht. Er gehört mir. Alles, was du hast, gehört mir. Auch deine Familie.*

Ich dachte an die enge Beziehung und das gute Verhältnis, das ich zu meinem Sohn hatte, und daran, wie sehr ich ihn schätzte. Und dann dachte ich darüber nach, wie ich es hatte zulassen können, dass etwas anderes – etwas, das nicht annähernd einen vergleichbaren Wert hatte – um ein Haar unsere Beziehung zerstört hätte. Jahrelang hatte ich meinen Sohn gesegnet. Sollte ich ihn heute mit verletzenden Worten »verfluchen«?

Nein. Stattdessen hatte ich den Eindruck, dass Gott zu mir sagte: *Warum benutzt du den Kratzer nicht als eine positive Erinnerung daran, dass dein Sohn dein Gebet braucht?* Schließlich hatte Gott mir diesen Jungen gegeben, damit ich für ihn sorgte, für ihn betete und ihm das Herz seines himmlischen Vaters zeigte.

Ist das Segnen Ihrer Kinder den Aufwand an Zeit und Hingabe wert?

Das Auto hat Jahre später seinen Geist aufgegeben. Es war 128.000 Meilen gefahren und in der Zeit hatte ich fast genauso viele Gebete an Gott gerichtet und ihm dafür gedankt, dass er mir meinen Sohn geschenkt hat.

Ich fragte Carlton nach dem Kratzer. Er hatte keine Idee, wie er entstanden sein konnte. Er hatte ganz einfach gedankenlos gehandelt, weil er an die Golfschläger wollte. Darum entschuldigte er sich und bat mich um Verzeihung und versprach, beim nächsten Mal die Leiter zu benutzen. Ich muss wohl nicht sagen, dass unsere Beziehung anschließend noch enger war als zuvor.

Auf die Frage: »Wirkt sich das Segnen Ihrer Kinder auch auf

Sie als Eltern aus? Ist es Ihren Aufwand an Zeit und Hingabe wert?« lautet die Antwort eindeutig: »Ja! Es lohnt sich unbedingt!«

Unsere Erfahrungen und die Erfahrungen vieler anderer Familien zeigen, dass Segnen positive Auswirkungen hat. Allerdings ist die Frage, wie sich Segnen auswirkt, nicht so leicht zu beantworten. Wir können beobachten, dass ein Kind sich sicher und umsorgt fühlt, wenn ihm Tag für Tag Mut machende Worte zugesprochen werden. Und wir können feststellen, dass eine solche Ermutigung einen guten Einfluss auf das Leben eines Kindes hat. Doch ein Kind zu segnen bedeutet noch viel mehr.

Segensworte, die im Namen Gottes ausgesprochen werden, können – so haben es die alten Hebräer erfahren – die Kraft und Liebe Gottes vermitteln.

Gott belohnt jeden, der segnet, und alle, die gesegnet werden.

Menschen, die Jahr um Jahr den Segen ausgesprochen haben, werden sicherlich alle in einem Punkt übereinstimmen: *Es gibt nichts Besseres, als andere zu segnen.* Wie man aus der Bibel lernen kann, belohnt Gott jeden, der segnet, und alle, die gesegnet werden.

Bis hierhin ging es darum, wie sehr ein regelmäßig erteilter Segen das Leben von Kindern positiv beeinflussen kann. Doch vielleicht können Kinder, die gesegnet werden, noch überzeugender darstellen, was das Segnen für sie persönlich bedeutet. Nachstehend gebe ich die letzten Briefe wieder, die mir meine Kinder Carlton und Lisa geschrieben haben. Ihre Worte zeigen, wie wichtig ihnen unser Segen auch heute noch ist, obwohl sie inzwischen schon verheiratet sind und selbst Kinder haben.

Lieber Dad,

in den letzten Tagen habe ich viel über das Segnen nachgedacht und darüber, was es heute für mich als zweiunddreißigjährigen Vater bedeutet. Mir sind durch meine Überlegungen ganz neue Gedanken dazu gekommen.

Erstens, wenn ich meine zehnjährige Tochter Christina segne, denke ich daran, wie einfach das Segnen für mich ist und wie stark es sich auf meine Tochter auswirkt. Ich erinnere mich gut daran, wie ich jeden Tag von dir gesegnet wurde. Ich weiß, ich war ein ängstliches Kind, das Trost und Bestätigung brauchte. Dein Segen schenkte mir jedes Mal Frieden. Und das wünsche ich mir auch für mein Kind. Ich weiß, wie viel es mir bedeutet hat zu wissen: Meine Eltern lieben mich so sehr, dass sie Gott jeden Tag bitten, mich zu segnen. Und ich kann es wirklich spüren, dass Gott mich gesegnet hat.

Seitdem Christina geboren ist, habe auch ich sie jeden Tag gesegnet. So ist das Segnen in unserem Haus zu einer festen Einrichtung geworden wie damals, als ich noch ein Kind war. Sie bittet darum, so wie ich dich darum gebeten habe, und erinnert mich daran, falls ich es vergesse, so wie ich dich erinnert habe. Seitdem Christina zur Schule geht, hat unser Segensritual eine Eigendynamik entwickelt. Wir segnen heute zweimal täglich – das erfordert eine gute Zeiteinteilung! Ich habe damit begonnen, seitdem ich sie jeden Morgen zur Schule fahre. Ich segne sie im Auto, sobald wir für den Tag gebetet haben. Das scheint ihr jeden Morgen einen guten Einstieg in den Tag zu verschaffen.

Manchmal war ich sogar ein wenig eifersüchtig. Ich brauche zwar keinen Einmaleins-Test mehr zu machen und mich nicht mehr mit Klassenarbeiten herumzuschlagen, aber du weißt, auch ich kann immer noch einen Segen vertragen! Und – stell dir vor – kurz darauf fing meine Tochter an, mich zu segnen! Jeden Morgen im Auto und jeden Abend vor dem Zubettgehen. An vielen Tagen bedeutet es mir, so glaube ich, mehr, die

Segensworte aus ihrem Mund zu hören, als sie es braucht, meine Worte zu hören.

Neulich habe ich sie gefragt, was sie davon hält, jeden Tag gesegnet zu werden. Die Frage hatte ich ihr noch nie gestellt. Ich bat sie, ganz schnell aufzuschreiben, was ihr dazu einfiel. Nachdem sie etwa eine Minute lang nachgedacht hatte, schrieb sie Folgendes auf: »Es gibt mir so ein gutes Gefühl. Es hilft mir, gut und geborgen zu schlafen. Es macht mich glücklich und gibt mir fröhliche Träume anstelle von Albträumen – ich schlafe wie ein Murmeltier. Wenn ich morgens dann wieder gesegnet werde, gibt mir das Mut, und ich fühle mich stark, wenn ich den Tag beginne. Es erhellt meinen Tag. Und ich fühle mich wohl, wenn ich meinen Papa segnen kann, weil ich glaube, dass es ihm durch den Tag hilft, und weil es hilft, Schmerz fern zu halten.« Genauer kann man es nicht schildern.

Der zweite Aspekt des Segnens, den ich in den letzten Jahren erkannt habe, ist die Wirkung unserer Worte auf unsere Kinder und auf andere Menschen. Ich finde, dass allein das Hören jener warmen, liebevollen Segensworte Tag für Tag ein starkes Selbstbewusstsein und hohes Selbstwertgefühl weckt. So viele Menschen werden täglich von den Worten verärgerter und verletzender Menschen getroffen und sehr oft sind diejenigen, die ihnen diese Worte an den Kopf werfen, ihre eigenen Eltern. Wie viel besser ist es dagegen, die Herzen und Ohren unserer Kinder mit Worten der Liebe zu füllen! Das Segnen verlangt, dass ich zweimal am Tag eine gewisse Zeit mit meiner Tochter verbringe, in der ich ihr solche Worte sagen kann.

Dad, ich erinnere mich an den Tag damals in Chicago, als ich dich dort in einer Kirche über das Segnen sprechen hörte. Das war das einzige Mal, dass ich dich zu einer Gruppe von Menschen über diese persönlichen Dinge, die du in deiner Familie pflegtest, reden hörte. Damals war ich richtig bewegt, als ich sah, wie viele Menschen nach freundlichen Worten verlangen – nach segnenden Worten von Gott, die ihnen von geliebten Menschen zugesprochen wurden. Ich war richtig traurig darüber, wie viele nie zuvor von solchen Segensworten gehört hatten! Ich glaube, es kann das Zusammenleben einer Familie stark verändern, wenn sie einander jeden Tag segnen, egal, ob sie bereits zehn oder hundertzehn Jahre alt sind.

Danke, Dad, dass du mir liebevolle Worte zugesprochen hast und den Mut hattest, sie weiterzusagen.

Carlton

Lieber Dad,

du hast uns mit deinem Segen ein ganz großes Geschenk gemacht. Es war kostenlos und doch so wertvoll! Dein Segen und deine Umarmung, die dazugehörte, sind mir nie lästig gewesen. Sie haben mich bestätigt und mir ein Gefühl der Sicherheit, Akzeptanz und Liebe gegeben.

Der Segen nahm nur eine Minute in Anspruch – aber wie wertvoll waren diese sechzig Sekunden! Diese Zeit hat uns verbunden, sie hat uns versöhnt und jeden Tag friedlich beendet. Diese Stetigkeit gab mir sehr viel Sicherheit. Du hast uns deinen Segen nie vorenthalten, um uns so zu bestrafen. Deine Bereitschaft, uns zu segnen, hing nie von unserem Verhalten ab, denn du hast den Segen nie zu einer Belohnung gemacht, die wir uns verdienen mussten. Dein Segnen war ein Geschenk. Allein das Wissen, dass du uns, bevor wir einschliefen, segnen würdest, gab uns die Sicherheit, noch mit dir über Dinge reden zu können, die uns am Herzen lagen, oder Lösungen für Konflikte zu finden, die sich über den Tag hinweg ergeben hatten, oder ganz einfach zu sagen: »Ich liebe dich.«

Segnen ist nicht bloß eine Aufgabe, eine Pflicht oder das Aussprechen bedeutungsloser Worte. Ein Segen vermittelt das

Wohlwollen Gottes. So oft habe ich, während du die Segensworte sprachst, die Gegenwart Gottes gespürt! Er gab den Worten, während du sie sprachst, Leben und Autorität. Ich bin davon überzeugt, dass es für mich deshalb so einfach war, Jesus persönlich kennen zu lernen, weil du mich gesegnet hast. Das half mir, Gottes Liebe zu mir als Individuum zu begreifen. Außerdem habe ich dadurch gelernt, Gottes Geschenke unbefangen anzunehmen, und war nicht versucht, sie mir verdienen zu wollen, denn auch beim Segnen brauchte ich nichts zu tun als nur zu empfangen. Ich bin mir sicher, es hat mir im Großen und Ganzen zu meinem Gottesbild verholfen. Ich habe mir Jesus immer mit einem Lächeln auf seinem Gesicht vorgestellt, der seine Arme nach mir ausstreckte und mich bat, zu ihm zu kommen. Ich weiß, das hat seinen Ursprung in der Wärme, Liebe und Freude, die du mir gezeigt hast, während du mich segnetest. Das hat es mir leicht gemacht, meinen himmlischen Vater ebenso zu sehen.

Dad, du hast deinen Teil getan, indem du vertrauensvoll den Segen über mir ausgesprochen hast. Aber auch Gott hat seinen Teil übernommen und jeden Aspekt des Segens in meinem Leben ausgeführt. Er hat mich wirklich reich beschenkt und beschützt. Er blickt mich freundlich an und schenkt mir Glück und Frieden. Danke, Dad, dass du uns dieses Erbe hinterlassen hast, das wir nun weitergeben dürfen.

Nun darf ich mit Freuden diese Hinterlassenschaft an meine eigenen Kinder weiterreichen. Es macht so viel Freude, Sofie und Elle zu segnen. Sofie spricht mit ihren zwei Jahren den ganzen Segen perfekt mit und segnet anschließend oft auch Mama und Papa. Ich bin so dankbar dafür, dass mein Mann mit mir das Anliegen teilt, unsere Kinder täglich zu segnen. Wir freuen uns schon darauf, die Früchte in ihrem Leben zu sehen, so wie ich sie in meinem Leben sehen kann.

Lisa

»Da wurden Kinder zu ihm gebracht,
damit er die Hände auf sie legte
und betete.«

Matthäus 19,13

5. Kapitel

Der Anfang

Wenn ich mir etwas vornehme, ist es immer ein Problem für mich, überhaupt in die Gänge zu kommen und die Sache in Angriff zu nehmen.

Manchmal sind die Arbeiten, die ich hinauszögere, im Grunde so einfach wie das Auswechseln einer Glühbirne. Ich kann mein Verhalten rationalisieren, entschuldigen und verteidigen mit Gedanken wie: *Wir können auch ganz gut ohne diese Lampe auskommen.* Oder: *Man muss sich mal klarmachen, wie teuer es ist, wenn diese Lampe brennt.* Oder das Allerbeste: *Was soll's? Die Birne wird eines Tages sowieso auch wieder durchbrennen!*

Habe ich es dann endlich geschafft und die Glühbirne ausgewechselt, stelle ich nicht nur fest, dass das Auswechseln nicht einmal zwei Minuten gedauert hat, sondern dass es richtig schön ist, zusätzliches Licht zu haben. Ähnlich ist es, wenn es um das Segnen unserer Kinder geht. Eigentlich ist es gar nicht viel Arbeit, wenn man sich einmal dazu bewegen konnte, es tatsächlich zu tun! Es braucht nicht viel Zeit und das Ergebnis ist besser als gedacht. Aber ich kann Ihnen leider kein Formular vorlegen, auf dem steht: »Wenn Sie diese fünf Dinge tun, sind Sie alle Sorgen los!« Wissen Sie, es gibt keine richtige oder falsche Art, seine Kinder zu segnen. Ein Segen ist immer ein Segen. Segnen ist in jedem Fall gut und wert-

Es gibt keine richtige oder falsche Art, seine Kinder zu segnen.

voll und es steckt Kraft dahinter. Sie können nur einen einzigen Fehler machen: dass Sie aus lauter Angst, etwas falsch zu machen, überhaupt nichts tun.

Lassen Sie uns einigen Fragen nachgehen, die sich einem zu Anfang stellen.

1. *Wie alt sollten meine Kinder sein, wenn ich mit dem Familiensegen beginne? Und bei welchem Alter sollte ich damit aufhören?*

Die Antwort ist einfach. Von welchem Alter an möchten Sie Ihr Kind unter Gottes Schutz stellen und bis zu welchem Alter sollte es Segen erfahren?

Es ist nicht wichtig, ob Ihre Kinder fünfzehn Jahre oder fünfzehn Monate alt sind, ob sie die Worte, die Sie ihnen zusprechen, verstehen oder nicht. Je länger Sie warten, umso weniger Gelegenheiten haben Sie, Ihrem Kind die Güte Gottes durch den Familiensegen zu vermitteln.

Nutzen Sie die Ihnen zur Verfügung stehende Zeit voll aus und fangen Sie heute damit an! Das meiste, was wir in unserem Leben lernen, lernen wir vor Schulbeginn. Natürlich ist noch nicht alles verloren, wenn diese Zeit bei Ihren Kindern bereits vorüber ist. Gott kann und will seinen Segen schenken. Sie gewinnen allerdings nichts, wenn Sie den Familiensegen hinauszögern.

Genauso sind Kinder nie zu alt für Ihren Segen. Sie brauchen das Wohlwollen und die Kraft Gottes ihr ganzes Leben lang. Warum sollten wir also damit aufhören, sie zu segnen? Ich weiß von älteren Kindern, die von klein auf gesegnet wurden, dass sie den Familiensegen nicht als ein kindisches Ritual betrachten, dem sie entwachsen sind. Ganz im Gegenteil: Sie schätzen den Segen heute mehr denn je. So können auch Kinder, die nicht mehr bei uns wohnen, täglich über weite Entfernungen hinweg in unserer persönlichen Gebetszeit gesegnet werden.

Nutzen Sie die Ihnen zur Verfügung stehende Zeit voll aus und fangen Sie heute damit an, Ihre Kinder zu segnen.

2. Ist die Schlafenszeit die einzige Zeit, in der ich meine Kinder segnen kann?

Nein, ganz sicher nicht. Gott schläft nicht und ist jederzeit zum Segnen bereit. Jede Zeit ist die richtige Zeit, denn Gott ist es, der segnet.

Allerdings ist eine feste Struktur und Beständigkeit wichtig. Das gilt vor allem für jüngere Kinder. Darum überdenken Sie Ihren Tag und finden Sie heraus, welches die beste Zeit für Ihre Familie ist. Das kann die Schlafenszeit oder eine gemeinsame Mahlzeit sein. Oder auch die Minuten, bevor Ihre Kinder das Haus verlassen, um zur Schule zu gehen. So können sie ihren Tag mit dem Segen, der ihnen noch in den Ohren klingt, beginnen.

Falls Sie nicht gleich herausfinden können, welche Zeit für Sie die beste ist, experimentieren Sie ruhig ein wenig. Erzählen Sie Ihren Kindern, was Sie vorhaben und warum. Sollten sie schon älter sein, bitten Sie Ihre Kinder um Vorschläge.

3. Sollte der Segen jeden Tag ausgesprochen werden?

Auch dafür gibt es keine Regel. Ein täglicher Segen bietet allerdings mehr Gelegenheiten, Ihre Kinder zu segnen.

Viele Familien bevorzugen eine regelmäßige Familiensegnung einmal pro Woche.

4. Wie weiß ich, was ich sagen soll?

Sehen Sie sich die Segenssprüche am Ende jedes Kapitels in diesem Buch an. Vielleicht entspricht ein Segen Ihren Bedürfnissen. Oder suchen Sie in einer Konkordanz unter den Wörtern »segnen« und »Segen« nach allen entsprechenden Stellen in der Bibel. So finden Sie viele Segenssprüche und lernen gleichzeitig, wie man zu biblischen Zeiten gesegnet hat. Natürlich bleibt es Ihnen immer überlassen, auf der Grundlage der Heiligen Schrift Ihren Segen mit Ihren eigenen Worten zu formulieren. Solange wir mit Gottes Wort konform bleiben, wissen wir, dass wir nach seinem Willen handeln.

5. Muss der Wortlaut des Segens immer derselbe sein?

Nein. Sie können den Segen variieren, wie Sie möchten.

Wie schon gesagt, ist es jedoch besonders für jüngere Kinder wichtig, dass ein regelmäßiger Ablauf gewährleistet ist. Während die Kinder heranwachsen, hat es einen gewissen Wert, Abend für Abend die gleichen Worte zu wiederholen. Das gibt ihnen ein Gefühl der Stabilität, der Verlässlichkeit und Sicherheit. Von daher brauchen Sie nicht nach Neuem zu suchen. Aber wenn Sie meinen, dass eine neue Form des Segens Ihren Kindern nützlich ist, warum sollten Sie es nicht versuchen? Vielleicht wollen Sie sogar eine ganze Reihe von Segenssprüchen aus der Heiligen Schrift lernen und sie routinemäßig wiederholen. Segnen verlangt keine festgelegte Form. Man kann ebenso spontan segnen wie beten.

6. Welches Familienmitglied sollte segnen?
Darauf gibt es keine festgelegte Antwort. Als Christen sind wir alle berufen, zu segnen und ein Segen zu sein. Als Mann und Vater habe ich in unserer Familie die Verantwortung übernommen, unsere Kinder zu segnen, aber Mary unterstützte mich oft dabei. Wenn ich zum Beispiel mal nicht da war, sprach sie den Kindern den Segen zu. In manchen Familien sprechen die Eltern gemeinsam den Segen. Bei allein Erziehenden hat das geistliche Oberhaupt die Verantwortung, sei es Vater oder Mutter. Unsere Kinder haben sich auch schon gegenseitig gesegnet.

7. Ersetzt das Segnen der Kinder das Beten?
Nein, auf keinen Fall. Es gibt drei Arten der Kommunikation mit Gott, die wir mit unseren Kindern pflegen. Diese Formen sind wie drei Stränge, die miteinander verflochten sind und einen strammen Zopf bilden, der im Verbund fester ist als jeder Strang einzeln. An diesem Zopf hängen, so glaube ich, alle anderen Werte, die wir im geistlichen Leben unserer Kinder wieder finden möchten. Obwohl die drei sich ähneln, dienen sie doch ganz verschiedenen Zwecken.

- Strang eins:

Gebet *für* unsere Kinder – das heißt, sich für sie und ihre Bedürfnisse vor Gottes Thron verwenden.

■ Strang zwei:
Gebet *mit* unseren Kindern - das heißt, sie im Gebet vor Gott bringen, sie in unser Gespräch mit Gott einbeziehen und ihnen auf diese Weise ein gesundes Beispiel für das regelmäßige Gespräch mit dem Vater geben.

■ Strang drei:
Das *Segnen unserer Kinder* - dadurch werden die beiden anderen Stränge vervollständigt und gestärkt. Beim Segnen denken wir über die Güte, die Macht und die Liebe Gottes nach, zu dem wir reden, wenn wir mit den Kindern und für sie beten.

Wenn Sie damit beginnen wollen, Ihre Kinder regelmäßig unter den Segen Gottes zu stellen, können Ihnen folgende Ratschläge von Nutzen sein:

1. *Bevor Sie beginnen, sollten Sie Ihren Kindern, falls sie alt genug sind, erklären, was Sie vorhaben und warum Sie meinen, dass das Segnen wichtig ist.*

Kinder sind viel mehr bei der Sache und sind außerdem kooperativer, wenn sie verstehen, warum Sie sie segnen wollen und warum das wichtig ist. Gehen Sie, so gut Sie können, auf die Fragen Ihrer Kinder ein.

Eines Abends besuchte uns ein guter Freund. Wir sprachen über unsere Kinder und ich erzählte ihm, dass wir unsere Kinder segnen und wie positiv sich das auf unsere ganze Familie auswirkte. Er fand die Idee gut und beschloss, seine drei Kinder, die zehn, acht und vier Jahre alt waren, ebenfalls regelmäßig zu segnen.

Etwa ein Jahr später traf ich ihn wieder und er konnte es kaum erwarten, mir von seinen Erfahrungen zu berichten. »Weißt du was? Ich habe meine Kinder, seitdem wir uns das letzte Mal getroffen haben, jeden Tag gesegnet. Es ist großartig! Ich komme abends nach Hause, nehme jedes Kind einzeln in den Arm, lege meine Hand auf seinen Kopf und spreche ihm den Segen aus 4. Mose 6 zu.«

»Und stell dir vor«, und dabei strahlte mein Freund über das ganze Gesicht, »jedes Kind reagiert ganz unterschiedlich auf den Segen.

»Einer von ihnen ist total begeistert. Er kuschelt sich jedes Mal an mich, als wenn es nichts Schöneres für ihn gäbe. Der Zweite lässt den Segen als eine ganz normale Handhabung seines Vaters ungerührt über sich ergehen. Aber der Jüngste ist voller Erwartung. Er legt seine Hände an die Hosennaht und steht stramm wie ein Soldat. Für ihn bedeutet dieser Segen, dass Gott ihn berührt, und er will seine Sache so gut wie möglich machen.«

Jedes Kind verstand auf seine Weise, was das Segnen bedeutete. Wichtig war, dass von Anfang an jedes von ihnen ungefähr wusste, dass es um etwas Wichtiges ging und dass es persönlich betroffen war.

2. Nehmen Sie Ihr Kind in den Arm, wenn Sie es segnen.
Gary Smalley und John Trent haben in ihrem Buch *The Blessing* (dt.: Der Segen) ein ausgezeichnetes Kapitel geschrieben unter der Überschrift: »Teil eins des Segens: die Berührung«. Sie berichten darin, wie wertvoll es ist, dass Eltern ihr Kind berühren, und geben Beispiele dafür, was es für ein Kind geistlich, psychologisch und körperlich bedeutet, von seinen Eltern berührt zu werden.[1]

In meiner erweiterten Familie gehören Umarmungen zur Begrüßung dazu wie ein freundliches »Guten Tag« oder »Auf Wiedersehen«. Beides gehört bei uns zusammen. Dabei spielt es keine Rolle, um welches Familienmitglied es sich handelt. Wann immer wir uns begrüßen oder verabschieden, umarmen wir uns.

Inzwischen umarme ich fast jeden. Wenn ich Menschen umarme, die nicht zu meiner Familie gehören, bekomme ich von manchen zu hören: »O, deine Umarmung konnte ich gerade gut gebrauchen!«

Ein Freund meines Sohnes, ein hart arbeitender, kühler Schotte, kam vor einiger Zeit zu uns nach Hause und ich umarmte ihn. Als ich ihn verabschiedete, sagte er: »Ich komme gern zu den Garborgs. Hier wird man umarmt!« Inzwischen umarmt auch er mich sonntags nach dem Gottesdienst.

Aus der Bibel wissen wir, dass die Patriarchen den Wert der Handauflegung kannten. Auch Jesus kannte ihn. Er nahm die kleinen Kinder in seine Arme und legte ihnen die Hände auf, während er sie segnete. Und wir sollten das ebenso tun. Es ist eine Möglichkeit, wie wir Kindern sagen können, dass wir sie so akzeptieren, wie sie sind. Das öffnet ihnen die Tür, sodass sie den Segen empfangen können, den wir ihnen geben.

Aus der Bibel wissen wir, dass die Patriarchen den Wert der Handauflegung kannten.

Natürlich gibt es einige Menschen, die sich unwohl fühlen, wenn sie andere umarmen sollen. Möglicherweise waren ihre Familien nicht besonders herzlich, oder einige Erfahrungen hindern sie daran, engen Kontakt, so wie ich ihn beschrieben habe, zu pflegen. Das ist völlig in Ordnung. Eine Hand auf der Schulter oder auf dem Arm kann ebenso eine bedeutungsvolle Geste sein. Ich möchte Ihnen jedoch Mut machen, Wege zu suchen, durch die Sie die herzliche Nähe erfahren (und weitergeben) können, die nur durch einen körperlichen Ausdruck der Zuneigung möglich ist.

3. Legen Sie Ihren Kindern die Hand oder die Hände auf den Kopf, wenn Sie sie segnen.

So haben wir es von Jesus gelernt. Und darum ist es kein Wunder, dass diese Geste von großer geistlicher Bedeutung und Symbolkraft ist.

Die Bibel lehrt, dass Menschen die Hände aufgelegt wurden, wenn man sie für Gott und für seinen Dienst weihte, den Heiligen Geist erbat und um die Heilung von Kranken bat. Heute wird diese Geste auch bei Taufen, Konfirmationen und Ordinationen angewendet.

Larry Lenning schreibt in seinem Buch *Blessing in Mosque and Mission* (dt.: Segnen in Moscheen und Mission):

»Das Händeauflegen war eine heilige Handlung, durch die der Segen Gottes vermittelt wurde. Die Hände des Segnenden selbst waren nicht heilig, aber durch dieses menschliche Werkzeug ließ Gott seinen Segen, seine Kraft, seine Gnade und Barmherzigkeit fließen ... Durch den jüdischen Hintergrund war die Handauflegung im Neuen Testament und in der frühen Kirche eine heilige Handlung, durch die Gott seinen Segen auf unterschiedliche Weise zuteil werden ließ.«[2]

Hierbei ist die Symbolik wichtig, dass wir unsere Kinder »mit unseren Händen beschützen«. Wir versinnbildlichen ihnen damit den Schutz und die Fürsorge, mit der Gott sie behütet.

4. Erwähnen Sie beim Segnen stets den Namen Gottes.
Der Name des einen wahren Gottes ist es, der seinen Segen von allen anderen Segnungen in den Religionen dieser Welt unterscheidet. Viele nichtchristliche Kulturen haben Segensformen, die im Wortlaut und in der Zielsetzung dem christlichen Glauben ähneln. Durch das Anrufen des lebendigen Gottes unterscheidet sich der christliche Segen von dem der übrigen Religionen als eine himmlisch starke Erfahrung. Wenn wir die Ehrfurcht gebietende Größe Gottes und seine unendliche Kraft überdenken, können wir verstehen, was allein die Nennung seines Namens bewirken kann. Und wir können uns in den Gefühlen Davids wiederfinden, wenn er in Psalm 103,1 ausruft: »Lobe den Herrn, meine Seele, und was in mir ist, seinen heiligen Namen« (Luther).

Es bleibt selbstverständlich Ihnen überlassen, welche Form des Namens Gottes Sie verwenden, je nachdem, was Ihrer Familie am meisten bedeutet. Viele Christen richten sich nach der kirchlichen Tradition und reden Gott im Namen der Dreieinigkeit an: »im Namen des Vaters und des Sohnes und des Heiligen Geistes«. Andere sagen lieber schlicht: »in Jesu Namen«. In beiden Fällen macht der mächtige Name unseres Herrn Sie zu einem Gefäß *seiner* Gnade.

5. Bringen Sie Ihren Kindern bei, wie sie sich selbst den Segen zusprechen können, wenn Sie es vergessen haben oder aus irgendeinem Grund nicht in der Lage sind, Ihre Kinder zu segnen. Machen Sie ihnen verständlich, dass Gottes Segen auf ihnen bleibt und dass er sie beschützt.
Vor allem jüngere Kinder brauchen den Zuspruch und die Sicherheit des Segens, und sie fühlen sich unwohl, wenn sie den Segen aus irgendeinem Grund nicht empfangen. Wenn Kinder meinen, dass Gottes Segen – und vor allen Dingen sein Schutz – abhängig von dem gesprochenen Segen der Eltern ist, kann sie das sehr ver-

unsichern. Darum sollten wir den Kindern klarmachen, dass der Familiensegen nur eine Möglichkeit ist, wie wir die Kraft und den Beistand des Herrn erfahren, und dass sie jederzeit selbst um den Segen bitten können. So geben wir ihnen die Möglichkeit, sich in Gottes wie auch in unserer Liebe geborgen zu wissen.

Hier ist eine kurze Zusammenfassung der wichtigsten Punkte dieses Kapitels, die Ihnen bei Ihrem Einstieg zum Segnen helfen können:

- Fangen Sie unabhängig vom Alter Ihrer Kinder heute mit dem Segnen an.
- Die Schlafenszeit ist eine gute Zeit, um Ihre Kinder zu segnen, aber sie ist auf keinen Fall die einzig mögliche. Finden Sie heraus, welche Tageszeit für Ihre Familie die beste ist und wie häufig Sie Ihre Kinder segnen wollen.
- Wählen Sie die Worte nach den Vorschlägen in diesem Buch oder suchen Sie sich Segensworte aus der Heiligen Schrift. Die Worte müssen nicht unbedingt immer dieselben sein, obwohl das zur Kontinuität beiträgt.
- Segnen kann nicht das Gebet ersetzen. Zu segnen, für die Kinder zu beten und mit den Kindern zu beten sind drei wichtige Möglichkeiten, um unsere Kinder in unseren Dialog mit Gott einzuschließen.
- Erklären Sie Ihren Kindern, was Sie tun und warum Sie es tun.
- Nehmen Sie Ihr Kind in den Arm, wenn Sie es segnen, und legen Sie Ihre Hand oder Ihre Hände auf seinen Kopf.
- Erwähnen Sie immer den Namen Gottes in Ihrem Segen.
- Erklären Sie Ihren Kindern, dass der Familiensegen nur eine von Gottes Möglichkeiten ist, die er wählt, um uns zu segnen und zu beschützen.
- Wichtig: Fangen Sie heute damit an!

So wird der Gott der Liebe
und des Friedens
mit euch sein.
Die Gnade unseres Herrn Jesus Christus
und die Liebe Gottes
und die Gemeinschaft
des Heiligen Geistes
sei mit euch allen!

2. Korinther 13,11.14 (Luther)

6. Kapitel

Eine positive Einbindung

Bisher haben wir das Segnen aus einem bestimmten Blickwinkel betrachtet. Es ging um den Segen, wie wir von ihm in der Bibel lesen, wo ein Mensch bewusst und durch das gesprochene Wort explizit die Güte Gottes für das Leben eines anderen bestimmten Menschen erbittet.

Jetzt wollen wir uns mit dem Segen in einem allgemeineren Sinn beschäftigen: Wir wollen feststellen, wie stark die Macht der Worte in unserem täglichen Leben ist, um Menschen unserer Umgebung zu stärken oder zu verletzen, und zwar nicht nur innerhalb der Familie, sondern in unserem ganzen Umfeld.

Jesus beauftragt uns, die Menschen, die wir lieben, und auch unsere Feinde zu segnen.

Wir wissen, Gott ist ein Gott des Segens; das macht die Bibel deutlich. Aber die Bibel zeigt auch, dass Kinder Gottes »Segensträger« sein sollen. In Matthäus 5,44 beauftragt Jesus uns, nicht nur unsere geliebten Angehörigen zu segnen, sondern auch unsere Feinde! Der Herr schüttet seine Macht und sein Wohlwollen auf uns aus und bestimmt uns dazu, ein Segen zu sein, wie Abraham es war. Er hat uns dazu beauftragt, seine Gnade und Güte an andere weiterzugeben. Diese Aufgabe können wir in erster Linie durch die Macht unserer Worte im Alltag ausführen.

»Die Zunge hat Macht über Leben und Tod« heißt es in Sprichwörter 18,21. Nirgendwo zeigt sich diese Tatsache klarer als im Familienleben. Die Worte, die Eltern ihren Kindern Tag für Tag sagen, auch wenn sie nur flüchtig dahingeworfen sind, schaffen mit der Zeit eine Atmosphäre, die die jungen Leute entweder schockiert und vergiftet oder sie stärkt und nährt. Das Ergebnis kann zerstörerisch oder Leben spendend sein: »Die Worte mancher Leute sind wie Messerstiche; die Worte weiser Menschen bringen Heilung« (Sprichwörter 12,18).

Als Eltern haben wir jeden Tag die Wahl, unseren Kindern Leben oder Tod zuzusprechen.

Als Eltern haben wir jeden Tag die Wahl, unseren Kindern Leben oder Tod zuzusprechen. »Todbringende Worte«, die das Selbstbewusstsein von Kindern zerstören, z. B. negative Äußerungen wie abfällige Spitznamen und Bemerkungen innerhalb der Familie oder sich selbst erfüllende Prophezeiungen nennt die Bibel »Flüche«. Mit diesem Thema wollen wir uns in Kapitel sieben eingehender befassen. Selbst wenn wir nur sehr selten unsere Kinder durch derartige Äußerungen verletzen, können wir uns dadurch schuldig machen, dass wir aus Gleichgültigkeit oder Unachtsamkeit schlicht und einfach versäumen, »gut über sie zu reden«.

Eine Lobrede halten

Wann hält man jemandem eine Lobrede? Doch meistens bei seiner Beerdigung! Es ist traurig, dass wir warten, bis Menschen sterben, bevor wir eine Lobrede auf sie halten, bevor wir »gut über sie reden«.

In Sprichwörter 25,11 lesen wir: »Wie goldene Äpfel auf silbernen Schalen, so sind treffende Worte im richtigen Augenblick.« Ein Ausdruck der Wertschätzung ist eine Auszeichnung, die ich dem Empfänger überreiche. Sie ehrt den Menschen – ob in Anwesenheit anderer oder ohne Zuhörer. Jetzt ist die beste Zeit, unsere Kinder mit einem solchen Segen auszuzeichnen.

Diese Art des Segnens beschränkt sich nicht auf Worte, die wir *über* unsere Kinder reden. Sie bezieht sich auch auf die Worte, die wir zu unserem Kind sprechen. Worte, die Achtung bekunden, können den Selbstwert unseres Kindes heben, seine Leistung fördern und seine Haltung stärken.

Ich habe gehört, wie Vorgesetzte ihren Untergebenen Befehle erteilt haben als seien sie auf einem Kasernenhof, anstatt sie höflich zu bitten. Wenn man zu Arbeitern und Angestellten sagt: »Tue dies« oder: »Bring mir mal das«, leidet ihre Moral und ihre Produktivität. Wenn wir uns einmal ansehen, welchen Unterschied es macht, wenn unsere Bitten mit einem aufrichtigen »Würden Sie so nett sein« oder »Könnten Sie bitte« eingeleitet werden, stellen wir fest, dass wir fröhlichere und effizientere Arbeitnehmer haben können. Nach getaner Arbeit kann ein »Dankeschön« oder ein »Sie haben gute Arbeit geleistet« ein zusätzliches Lob sein.

Wenn freundliche Worte am Arbeitsplatz angebracht sind, wie viel mehr sind sie dann zu Hause angebracht. Ein Familiensegen kann verglichen werden mit freundlichen Worten, die eine Bitte einleiten. Schauen Sie, was Paulus ausdrücklich in Epheser 4,29 sagt: »Lasst ja kein giftiges Wort über eure Lippen kommen. Seht lieber zu, dass ihr für die anderen, wo es nötig ist, ein gutes Wort habt, das weiterhilft und denen wohl tut, die es hören.« Ein guter Umgangston ist im Privatleben genauso wichtig wie in der Öffentlichkeit. Er ist überall willkommen und kann oftmals eine »Klimaveränderung« bewirken. 1. Petrus 3,8–9 gibt wieder, wie ein segensreicher Grundton zustande kommt:

Wenn freundliche Worte am Arbeitsplatz angebracht sind, wie viel mehr sind sie dann zu Hause angebracht.

»Haltet in derselben Gesinnung zusammen und habt Mitgefühl füreinander. Liebt euch gegenseitig als Brüder und Schwestern! Seid gütig und zuvorkommend zueinander! Vergeltet Böses nicht mit Bösem und gebt Beleidigungen nicht wieder zurück! Im Gegenteil, segnet eure Beleidiger, denn Gott hat euch dazu berufen, seinen Segen zu empfangen.«

Der Grund, warum wir unsere Kinder oder andere loben, ist natürlich nicht, dass wir sie dadurch kontrollieren oder noch ein wenig mehr aus ihnen herauspressen wollen. Wir segnen Menschen, weil wir sie segnen sollen. Punkt. Wenn wir dann unsererseits dafür gesegnet werden, ist das ein Bonus, den Gott uns zukommen lässt, weil wir tun, was er uns sagt.

Ernst gemeinte und wahrhaftige Worte

Ein Segen dieser Art (ein freundliches Wort oder ein Lob) muss, wenn er wirkungsvoll sein soll, zwei Bedingungen erfüllen. Erstens muss ein solches Lob echt sein. Vielleicht müssen Sie lange nachdenken, um ein Lob aussprechen zu können – selbst wenn es Ihr eigenes Kind ist. Hören Sie nicht auf, nach einem ehrlichen Lob zu suchen! Sie werden es finden. Ein unehrliches Lob ist leer und hohl. Es ist eigentlich gar kein Lob.

Die zweite Bedingung für ein echtes Lob ist, dass es *ernst gemeint* sein muss. Ein nicht ernst gemeintes Kompliment ist leicht zu durchschauen und es hinterlässt einen bitteren Geschmack für den, der es ausspricht, wie auch für den, der es empfängt. Doch ein ernst gemeintes Kompliment trägt mehr als alles andere zur Vertrauensbildung unserer Mitmenschen bei.

Mary und ich haben mit einigen von Carltons Klassenkameraden und deren Eltern gesprochen, als sie in die Oberstufe kamen. Unser Sohn besuchte damals eine kleine christliche Schule und war in einer Klasse mit nur elf Schülern. Einige der Kinder kannten sich bereits seit ihrem Schulbeginn vor zwölf Jahren.

Wir Eltern dachten darüber nach, wie sehr wir mit diesen Kindern verbunden waren. Wir hatten sie miteinander heranwachsen sehen. Seit der siebten Klasse trieben vier der Jungen zusammen Sport. Wir waren Zeugen dessen, wie sich ihre Charaktere durch Teamwork und Konkurrenz entwickelt hatten. Und wir hatten beobachtet, wie sich ihre Freundschaft und ihr Glaube vertieft hatten.

Während wir so über die Einmaligkeit dieser Klasse von elf Schülern nachdachten, entstand bei den Eltern wie auch bei den Schülern der Wunsch nach einem besonderen Fest. Wir entschlossen uns dazu, einen so genannten »Abend der Wertschätzung« zu veranstalten. Zunächst wussten wir nicht, wie gut dieser Abend werden und welchen Eindruck er bei jedem der Beteiligten hinterlassen würde.

Es waren nur die elf Schüler der Oberstufe mit ihren Eltern eingeladen. Zunächst musste über ein paar organisatorische Dinge geredet werden: Hauptversammlungen, Sportveranstaltungen und Hausaufgaben. Die Unterhaltung während des Essens war leicht und entspannt. Nach dem Essen begann das Programm. Während wir über jeden Schüler »zu Gericht saßen«, gab es viel zu lachen. Dann wurde es still im Saal.

Ein Vater nach dem anderen trat nach vorne und sagte seinem Kind, was er am meisten an ihm oder ihr schätzte. Tränen flossen bei Vätern, Söhnen und Töchtern. Ein Vater begann mit dem Geständnis: »Ich habe dir das noch nie gesagt ...«

Die Liste jedes Vaters war individuell und ganz speziell auf sein Kind abgestimmt, was dem Ganzen eine besondere Intensität gab. Es fielen unter anderem folgende Sätze:

»Du bist für mich eine Tochter, eine Person, die mir mit ihrer Art geholfen hat, reifer zu werden.«

»Du hast ein Herz für Gott.«

»Gott wird dir deine vielen verborgenen Opfer lohnen.«

»Schade, dass es dich nicht im Zehnerpack gibt!«

»Ich sehe, wie sich die Talente, die Gott in dich hineingelegt hat, zu entfalten beginnen.«

»In dir sehe ich Jesus.«

Diese zu Herzen gehenden Äußerungen der Väter waren im wahrsten Sinne des Wortes Lobesreden – ein Ausdruck von Lob, das zur rechten Zeit erteilt wurde. Die Segensworte für jedes Kind wurden dadurch bekräftigt, dass sie von dem Menschen, der für sein Leben von besonderer Bedeutung war, ausgesprochen wurden – von seinem Vater.

Am Ende jeder Lobesrede umarmten sich Vater und Kind. Zum Schluss wurde gemeinsam der Segen aus 4. Mose 6,24–25 nach einer Melodie gesungen, die einer der Väter komponiert hatte.

An jenem Abend verspürte jeder von uns tiefe Dankbarkeit und Ermutigung; Gefühle, die bei einigen vielleicht seit Jahren nicht mehr zum Ausdruck gekommen waren.

Falls Sie Ihre Kinder bisher nicht regelmäßig mit freundlichen Worten aus einem dankbaren Herzen gesegnet haben, dann beginnen Sie heute damit! Fangen Sie heute an, gut von Ihren Kindern zu reden und sie zu loben. Erstreben Sie das Allerbeste für Ihr Kind, indem Sie die Initiative ergreifen. Entschließen Sie sich ganz bewusst, Ihre Familie täglich zu segnen, damit Gott seinen Anteil hinzufügen kann.

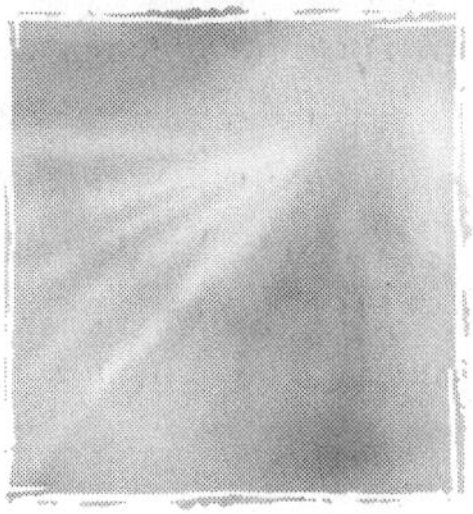

»Der Herr ist bei dir,
hält die Hand über dich,
damit dich die Hitze der Sonne nicht quält
und der Mond dich nicht krank macht.
Der Herr wendet Gefahr von dir ab
und bewahrt dein Leben.
Auf all deinen Wegen wird er dich
beschützen,
vom Anfang bis zum Ende,
jetzt und in aller Zukunft!

Psalm 121,5-8

7. Kapitel

Sägemehl lässt sich nicht sägen

»Was vorbei ist, ist vorbei«, »Was passiert ist, ist passiert«, »Die Zeit lässt sich nicht zurückdrehen«, »Es bringt nichts, vergossener Milch nachzuweinen«.

Das sind nur ein paar klischeehafte Aussprüche, die wir uns zum Trost sagen, wenn wir an Dinge denken, die wir gern anders oder am liebsten gar nicht gemacht hätten. In allen genannten Floskeln steckt ein guter Ratschlag. Selbst der Apostel Paulus befasst sich auf diese Weise mit seiner Vergangenheit: »Aber ich vergesse, was dahinten ist, und strecke mich aus nach dem, was da vorne ist« (Philipper 3,13; Luther). Er sitzt nicht träge herum und bejammert alles, was er vor seiner Bekehrung getan hat.

Trotzdem ließ Paulus seine Vergangenheit nicht einfach hinter sich. Er nutzte sie vielmehr als Inspiration für seine Zukunft. Er lernte aus seinen Erfahrungen, aus den guten wie aus den schlechten, aus Erfolg wie aus Versagen. Und deshalb sagt er aus vollem Herzen: »Ich jage nach dem vorgesteckten Ziel ...« (Vers 14; Luther).

Werfen Sie im Licht der Worte von Paulus einen zweiten Blick auf das soeben Gesagte. Keiner dieser oben genannten klischeehaften »Mutmacher« greift wirklich. Sie bleiben alle weit hinter dem zurück, was Paulus tut. Sie bieten keine Hoffnung für die Zukunft. Was vorbei ist, ist *tatsächlich* vorbei! Was passiert ist, ist nun einmal *unwiderruflich* passiert. Und es stimmt wahrscheinlich, dass es nichts bringt, vergossener Milch nachzuweinen – aber egal, ob sie nun weinen oder nicht, aufwischen müssen Sie die Milch trotzdem.

Vielleicht haben Sie sich bei der bisherigen Lektüre dieses Buches ein wenig schuldig gefühlt oder es bedauert, dass Sie Ihre Kinder, als sie klein waren, nicht gesegnet haben, und inzwischen wohnen sie gar nicht mehr bei Ihnen zu Hause! Vielleicht haben Sie das Gefühl, ganz allgemein in Ihrer Rolle als Vater oder Mutter etwas »versäumt« zu haben. Oder Sie sind traurig, wenn Sie an Ihre Kindheit und Ihre Beziehung zu Ihren Eltern denken, die Sie als Kind in dieser Weise nicht gesegnet haben.

Falls das eine oder andere auf Sie zutrifft, haben Sie sich womöglich gesagt: »Nun ist es, wie es ist, und es bringt nichts mehr, jetzt noch darüber nachzugrübeln. Zu spät ist zu spät. Da kann man eben nichts mehr machen.«

Aber das ist nicht ganz richtig. Sie können auch heute noch eine ganze Menge tun. Darum gefällt mir ein Sprichwort weit besser als alle, die ich bisher erwähnt habe: »Sägemehl lässt sich nicht sägen«. Ja, das stimmt vielleicht. Und trotzdem kann man eine ganze Menge aus Sägemehl machen!

Aus der Vergangenheit Pressspan machen

Jahrelang konnten Sägewerke mit dem Sägemehl, das sie beim Schneiden von Stämmen produzierten, nichts anfangen. Das meiste wanderte in den Abfall.

Dann entdeckten ein paar kluge Köpfe, dass aus der Mixtur von Sägemehl und Harz unter Druck ein Produkt entsteht, das stärker und preiswerter ist als richtiges Holz. Dies war die Geburtsstunde des Pressspans. Seitdem wird Sägemehl überall auf der Welt zum Bauen verwendet.

Eine ähnliche Erfindung erbarmte sich über Lederabfälle. Wussten Sie, dass es nicht weniger als fünfzig verschiedene Materialien gibt, aus denen Bibeleinbände hergestellt werden? Man verwendet dafür zum Beispiel die Haut von Schweinen, Schafen, Kühen und

Kälbern, um nur ein paar zu nennen. Die absolute Luxusversion der Bibeleinbände nennt sich jedoch »Lederverbund«.

Dieses Material wird aus vielen echten Lederresten hergestellt, das zu neuen Bibeleinbänden verarbeitet wird. Die Lederreste werden wieder verwertet und mit einem Spezialkleber vermischt. Das Ergebnis ist ein widerstandsfähiges neues Material, das alle Vorzüge von echtem Leder hat, aber bei weitem nicht so teuer ist.

Wenn Sie also über Ihre Vergangenheit als Kind oder als Eltern nachdenken, denken Sie bitte an Pressspan oder an Lederverbund! Haben Sie erkannt, wie Sie aus Resten, aus »Abfall«, etwas Neues machen können?

Vielleicht haben Sie das Gefühl, dass die Gelegenheit, von Ihren Eltern gesegnet zu werden oder Ihre eigenen Kinder zu segnen, vorbei ist, und dass es nichts gibt, was diese Tatsache rückgängig machen könnte. Als Kind waren Sie vielleicht ein Engelchen oder aber ein Taugenichts, der seinen Eltern graue Haare wachsen ließ. Als Elternteil haben Sie vielleicht die Zeit genutzt, um den Charakter Ihres kleinen Kindes zu formen und ihm Werte beizubringen. Vielleicht haben Sie das aber auch schon früh aufgegeben. Es könnte auch sein, dass Sie durch Ihre Kindheit oder durch die Zeit, in der Ihre Kinder noch unter Ihrer Obhut waren, völlig naiv hindurchgesegelt sind und froh waren, wie eine Venusmuschel in der Flut überlebt zu haben.

Die Vergangenheit lässt sich nicht verändern. Aber Sie können die Auswirkungen dessen, was geschehen ist, verändern.

Das alles spielt heute im Grunde keine Rolle mehr. Es ist vorbei. Sie sind erwachsen und aus Ihrem Elternhaus ausgezogen. Oder Ihre Kinder sind erwachsen und aus Ihrem Haus ausgezogen. Die Vergangenheit lässt sich nicht verändern. Aber Sie können die Auswirkungen dessen, was geschehen ist, verändern. Sie können kein Sägemehl sägen. Aber Sie können etwas Wertvolles und Nützliches aus dem Sägemehl machen.

Ein Meisterwerk aus Sägemehl

Vor Jahren habe ich eine wunderschöne Skulptur bewundert, die meiner Schwägerin und ihrem Mann gehört. Das Kunstwerk war die Nachbildung eines weißköpfigen Seeadlers und trug die Aufschrift: »Ich vertraue auf Gott.«

Der Künstler heißt Mario Fernandez – ein kubanischer Flüchtling, der, als er in den USA eintraf, nichts bei sich hatte als die Kleider, die er an seinem Leib trug, und den *American Dream*[1]. In seiner kubanischen Heimat hatte Mario zwei Jahre als junger politischer Widerstandskämpfer im Gefängnis gesessen. Für ihn repräsentierte der *American Dream* alles, was er in Kuba nicht realisieren konnte. Erst durch seinen starken Glauben an Gott konnte er diesen Traum verwirklichen, und das drückt er mit dem Text auf seiner Skulptur aus: »Ich vertraue auf Gott.«

Kurz nachdem Mary und ich Marios Seeadler bewundert hatten, schenkten uns Marys Schwester und ihr Mann einen solchen Adler. Als ich feststellte, aus welchem Material diese prächtige, handgefertigte Skulptur, von der es nur wenige Exemplare gab, hergestellt worden war, war ich überrascht. Sie war aus Sägemehl, das heißt, aus einem Gemisch von Sägemehl und Harz, das durch die geschickten Hände eines Künstlers zu etwas Wertvollem verwandelt worden war.

Als ich über Pressspan, Lederverbund und Marios Kunstwerk nachdachte, sah ich Parallelen zu den Möglichkeiten, die jeder von uns für sein eigenes Leben hat. Drei Dinge sind notwendig, um etwas Neues aus alten Resten oder Abfällen zu schaffen:

1. Ein Bewusstsein für den Wert von Abfällen, egal, in welchem Zustand sie sich befinden.
2. Etwas, was das Material zusammenhält.
3. Eine schöpferische Vision, was sich aus den Abfällen machen lässt. Dabei ist es unerheblich, ob das Resultat Pressspan, Lederverbund, ein Kunstwerk oder eine erneuerte Beziehung zwischen uns und unseren Eltern oder Kindern ist.

Wie auch immer Ihre Beziehung zu Ihren Eltern oder Kindern bisher gewesen sein mag - heute können Sie etwas Neues beginnen. Selbst wenn es in Ihrer Vergangenheit Missbrauch, Gleichgültigkeit, Unaufrichtigkeit oder andere zerstörerische Verhaltensformen gegeben hat - heute ist das alles nur noch Sägemehl. Es liegt bei Ihnen, was Sie aus Ihrem Sägemehl machen wollen. Sie können es zusammenfegen und wegwerfen und sagen: »Ein Glück, dass ich den Mist los bin!«, oder Sie können sich den Abfallhaufen noch einmal genau anschauen und sich fragen: »Was lässt sich daraus machen?«

Gott ist ein Meister der gestaltenden Kunst. Sie können ihn einen Blick auf Ihre alten, lästigen Abfälle werfen lassen. Er erkennt in dem Endprodukt ein Kunstwerk, eine neue Kreation von größtem Wert. Gott möchte die Abfälle aus unserem Leben zusammenfegen und sie sorgfältig mit seinem »Harz« mischen, bis alles damit durchtränkt ist. Dann kann er beginnen, daraus Kunstwerke zu schaffen, die ihm Ehre machen.

Was ist das für ein Harz, das Gott verwendet, um etwas Neues zu schaffen? Es ist sein Heiliger Geist. Indem er uns mit seinem Geist erfüllt und wir uns seinem Willen fügen, ist er in der Lage, uns so lange zu bearbeiten, bis wir mit seinem Geist eins und bereit sind, dass seine Handwerkskunst unser Leben vervollständigt. Dieser Prozess heilt alle Wunden, die durch die fehlgeschlagenen Bemühungen unserer Eltern oder durch unsere eigenen Bemühungen, das anvertraute Originalmaterial zu formen, entstanden sind.

Es ist nie zu spät

Es ist nie zu spät, den Segen Ihrer Eltern zu suchen oder Ihre eigenen erwachsenen Kinder zu segnen. Sollten Sie Ihre Eltern noch nie um einen Segen gebeten oder Ihre Kinder selbst noch nie gesegnet haben, dann fangen Sie am besten heute damit an.

Es ist nie zu spät, den Segen Ihrer Eltern zu suchen oder Ihre eigenen erwachsenen Kinder zu segnen.

Es kann gut sein, dass Sie zunächst einen Abfallhaufen beseitigen müssen, um den sich bisher niemand gekümmert hat. Das können zum Beispiel Dinge sein, mit denen Ihre Eltern Sie vor langer Zeit belastet haben, oder Dinge, mit denen Sie Ihre Kinder belastet haben. Wenn das der Fall ist, sollten Sie solche Altlasten umgehend beseitigen. Gehen Sie zu Ihren Eltern oder zu Ihren Kindern und schaffen Sie Ordnung! Bitten Sie Ihre Kinder und Eltern um Vergebung für alles, worüber Sie gestolpert sind. Seien Sie dabei gewissenhaft. Sie wissen am besten, was Sie daran hindert, gute Beziehungen aufzubauen, nach denen Sie sich sehnen.

Wunden und Verletzungen können geheilt werden. Vorbehalte können abgebaut werden, wenn Sie über Gottes Wesen nachdenken. Ein Herz voll zerstörerischer Bitterkeit kann zu einem Herzen werden, das Gott lobt und dankt.

Vielleicht haben Sie das Gefühl, dass manches sich einfach nicht bereinigen lässt. Sie denken sich vielleicht: *»Mein lieber Rolf Garborg, ich würde ja liebend gerne tun, was Sie da sagen, aber Sie kennen meine Kinder (oder meine Eltern) nicht. Die würden überhaupt nicht begreifen, was ich von ihnen will! Und mein Ehepartner? Der lacht mich ja glatt aus!«* Ich kann mir nicht vorstellen, dass irgendjemand über Sie lachen wird, besonders der nicht, dem Sie von ganzem Herzen vergeben haben.

Wie dem auch sei, Sie haben einfach keinen Einfluss auf die Reaktion eines Menschen, bei dem Sie Vergebung suchen oder dem Sie selbst vergeben. Sie haben nur Einfluss auf sich selbst.

Das Wichtigste für Sie ist, dass Sie verstanden haben, dass Gott Ihnen vergeben hat und Sie diese Vergebung nur weitergeben müssen. Anschließend müssen Sie sich selbst vergeben. Sobald Sie im Licht der Vergebung leben, werden Sie das Licht auf die Menschen Ihrer Umgebung ausstrahlen. Menschen werden vom Licht angelockt. Jetzt können sie Ihre Vergebung empfangen und nach und nach heil werden.

1974, als wir noch in Puerto Rico lebten, bat mich mein Pastor, als eines von insgesamt sieben Gemeindemitgliedern einige Worte im Karfreitagsgottesdienst zu sagen. Jeder von uns bekam fünf Minuten Zeit, um über eins der »Sieben Worte Jesu am Kreuz« zu sprechen (Matthäus 27,46; Markus 15,33–41; Lukas 23,34.43.46; Johannes 19,26–30). Ich fragte den Pastor, über welches der sieben Worte ich sprechen sollte, und er antwortete: »Das kannst du dir aussuchen. Du bist der Erste, den ich gefragt habe.« Ich sah die Liste durch und wählte die Verse aus Lukas 23,34: »Vater, vergib ihnen; denn sie wissen nicht, was sie tun.«

Ich hatte mehr als genug Zeit, mich auf meine Fünf-Minuten-Rede vorzubereiten. *»Fünf Minuten über Vergebung reden, das kann doch jeder«,* sagte ich mir und dachte daher bis zum Gründonnerstag nicht weiter darüber nach. Als ich mich endlich an meinen Schreibtisch setzte, um eine kurze Niederschrift zu machen, kam mir kein einziger Gedanke.

Ich saß mehrere Stunden lang an meinem Schreibtisch und las immer und immer wieder die Kreuzigungsgeschichte und entsprechende Kommentare zu diesem Thema durch. Es war, als läge eine Decke über meinem Verstand. Mir kam kein einziger Gedanke! Schließlich gönnte ich meinem Hirn Ruhe und ging zu Bett.

Ganz früh am nächsten Morgen schlich ich mich wieder in mein Büro und versuchte, meine Gedanken zu klären. Nichts. Ich ging sehr pünktlich zur Gemeinde und sagte mir, dass mir die sakrale Umgebung und die Musik bestimmt bei meinen Überlegungen helfen würden. Schließlich schaute ich mir das Programm an und hoffte, meinen Namen ganz unten auf der Liste zu finden. Vielleicht würde mir ja was einfallen, während ich den anderen Rednern zuhörte.

Zu meinem Leidwesen war ich der Erste in der Reihe. Ich fragte mich: *Wieso bin ich der Erste? Weil der Pastor mich zuerst gefragt hat?* Und dann ging mir ein Licht auf! Ich kam als Erster an die Reihe, weil »Vater, vergib ihnen; denn sie wissen nicht, was sie tun« der erste Satz war, den Jesus am Kreuz gesprochen hat. Bevor er schrie: »Mein Gott, mein Gott, warum hast du mich verlassen?«, rief er so laut, dass alle, die um ihn herum standen – die Verbrecher, seine Freunde, seine Familie, die Neugierigen – es hören konnten: »Vater, vergib ihnen; denn sie wissen nicht, was sie tun.« Bevor er sagte: »Mich dürstet!«, sagte er »Vater, vergib ihnen!«

Als ich erkannte, dass Jesu Sorge zuallererst der Vergebung jener Menschen galt, die ihn misshandelt hatten, konnte ich es nicht erwarten, meinen Beitrag zu leisten. Fünf Minuten konnten gar nicht ausreichen, um zu erzählen, was ich gerade entdeckt hatte.

Durch sein Beispiel hat Jesus uns gezeigt, was er in und durch uns tun will, wenn wir ihm die Gelegenheit dazu geben.

Durch sein Beispiel hat Jesus uns gezeigt, was er in und durch uns tun will, wenn wir ihm die Gelegenheit dazu geben. Derselbe Geist, der Jesus erlaubte, Vergebung zu erteilen, erweckte ihn von den Toten. Mit genau diesem Geist will Gott uns erfüllen, damit wir ihm ähnlich werden. Dann, und nur dann, können wir wirklich die Kraft der Vergebung erfahren, die uns und diejenigen, die sich an uns versündigt haben, von unserer Vergangenheit befreit.

Wer die Vergebung Gottes erfahren hat, ist befreit, sodass er seine Familie segnen kann anstatt sie zu verdammen. Die Vergebung öffnet uns die Tür, ehrlich und ohne Scham und Schuld mit unseren Angehörigen zu reden, weil Jesus unsere Scham und Schuld ans Kreuz getragen hat.

Wenn Sie selbst nie von Ihren Eltern gesegnet worden sind, dann gehen Sie zu ihnen, und bitten Sie sie darum, auch jetzt als erwachsene Person! Das wird sowohl Sie selbst als auch Ihre Eltern freimachen, Liebe und Akzeptanz in einem nicht gekannten Ausmaß zu erfahren. Wenn Sie Mutter oder Vater von erwachsenen Kindern sind, dann gehen Sie zu ihnen und klären Sie mit ihnen die Vergangenheit. Bitten Sie Ihre Kinder, sie segnen zu dürfen. Auf diese Weise wird Gott Sie alle miteinander segnen.

»Gott, unser Vater, hat uns seine Liebe
erwiesen und uns in seiner Gnade
einen ewig gültigen Trost und eine
sichere Hoffnung geschenkt.
Wir bitten ihn und unseren Herrn Jesus
Christus, euch getrost und mutig
zu machen und euch Kraft zu geben
zu allem Guten, in Wort und Tat ...
Der Herr richte euer ganzes Denken
und Wollen darauf, dass ihr Gott liebt
und standhaft zu Christus haltet ...
Der Herr selbst aber, von dem aller
Frieden kommt, schenke euch jederzeit
und auf jede Weise seinen Frieden.
Der Herr steh euch allen bei!«

2. Thessalonicher 2,16.17;3,5.16

8. Kapitel

Den Kreis erweitern

Und was ist mit den vielen anderen Kindern da draußen? Wer wird sie segnen? Es hat mal jemand gesagt, dass wir für viele Menschen wahrscheinlich die einzige Bibel sind, die sie je zu lesen bekommen. Wir sind vielleicht aber auch die Einzigen, die jemals eine bestimmte Person segnen. Wagen wir es, die Gelegenheit wahrzunehmen?

Das Segnen von Kindern, wie ich es in diesem Buch beschrieben habe, ist nicht auf unsere eigenen Kinder begrenzt. Es ist nicht einmal auf Kinder begrenzt. Segnen weitet sich auf die ganze »Familie« der Menschheit aus.

Jesus hat ein Beispiel gegeben, wie man die Kinder anderer Leute segnet. Es war typisch für Jesus, dass er die Kinder in seine Arme nahm, seine Hände auf sie legte und sie so segnete (Markus 10,16). Ganz bestimmt war er sehr oft von Kindern umgeben – und das nicht nur, weil sie sich in seiner Nähe wohl fühlten, sondern auch, weil sie wussten, dass er für sie einen Segen bereithielt.

> *Wahrscheinlich sind wir für viele Menschen die einzige Bibel, die sie zu lesen bekommen.*

Großeltern sind in einer besonders guten Position, um Kinder zu segnen. Sie haben wahrscheinlich sehr viele Möglichkeiten, um die Kinder ihrer Kinder zu segnen.

Mein Großvater war ein klassisches Beispiel für jemanden, der segnen konnte. Er liebte Kinder; er hatte selbst vierzehn Kinder und achtundzwanzig Enkel. Wir freuten uns immer, mit unserem Großvater zusammen zu sein. Immer fiel ihm etwas ein, womit er uns zum Lachen brachte. Und das Allerbeste: Großvater griff gern in seine Hosentasche, wenn wir im Wohnzimmer zusammensaßen. Er klimperte dann mit seinem Kleingeld und ließ Münzen über den Teppich rollen. Wir Kinder stürzten uns alle zusammen über das Geld und sicherten uns unseren Anteil! Mit diesem liebevollen, freundlichen »Segen« brachte er seine Freude an seinen Enkelkindern zum Ausdruck. Jedes Kind wusste, dass Großpapa es lieb hatte, was ganz wichtig für jeden von uns war.

Mein Vater hielt für seine Enkelkinder in seinen Hemdentaschen statt Münzen stets »Kokky« bereit. Das sind kleine feste Bonbons. Bevor seine Enkel überhaupt laufen oder sprechen konnten, hatten sie begriffen, dass Großpapa »Kokky« hatte. Sie wussten, wo die Bonbons zu finden waren, denn ihr Opa hatte einen unerschöpflichen Vorrat. Sie brauchten ihm nur auf den Schoß zu krabbeln und in seine Taschen zu greifen.

Für die Entwicklung von Selbstwert und Charakter eines Kindes ist die Beziehung zu seinen Großeltern äußerst wichtig. Studien belegen, dass Kinder, die in der Nähe ihrer Großeltern aufgewachsen sind und viel Zeit mit ihnen verbracht haben, sich besonders sicher und geborgen fühlen. Neulich hörte ich von einem Programm, in dem Großeltern in das Leben von Kindern allein erziehender Mütter integriert werden sollen. Untersuchungen der Gruppe, die dieses Programm finanziell unterstützte, stimmten mit einer anderen Studie überein, die den Wert eines Großvaters für kleine Jungen betraf, die von einer allein erziehenden Mutter erzogen wurden. Die Ergebnisse belegen, dass für Jungen im Alter von zehn bis fünfzehn Jahren ein Großvater auffallend wertvoll ist. Wenn Großväter und Großmütter einen so starken positiven Einfluss auf die soziale Einbindung von Kindern haben, wie sehr würden Kinder davon profitieren, dass ihre Großeltern sie aktiv segnen! Großeltern können Kindern die Hände auflegen und sie mit den Worten aus 4. Mose 6,24–26 segnen oder sie können einfach sagen: »Gott segne dich«. Sie können ein Kind liebevoll streicheln, ihm ein freundliches Wort sagen, ein ermutigendes Lächeln schenken oder ein verständnisvolles Nicken, ein offenes Ohr für es haben, ihm einen vergebenden Kuss geben und ihm eine tröstende Schulter bieten. All diese Gesten zeigen dem Kind, dass es akzeptiert und anerkannt ist.

Großeltern besitzen oft zwei wichtige Qualitäten: Zeit und Geduld.

Großeltern besitzen oft zwei wichtige Qualitäten, die eine gute Beziehung zu Kindern möglich machen: Zeit und Geduld. Darum ist es wunderschön, wenn sie sich dazu entschließen, diese wertvollen Gaben in ihre Enkelkinder zu investieren.

Meine Großmutter hatte eine seltene Gabe, die für uns Kinder ein großer Segen war: Sie besaß Gelassenheit. Es gelang ihr, alles, was das Leben ihr bescherte, mit Würde anzunehmen und Gott in guten und schlechten Tagen zu danken. Auch in schwierigen Zeiten blieb sie Gott treu und diente liebevoll und ohne zu klagen anderen Menschen, selbst wenn deren Nöte nicht so groß waren wie ihre eigenen. Sollte jemand den Titel einer Heiligen verdienen, dann ist es sie, meine Großmutter.

Gramma, so nannten wir sie, kam als Teenager aus Norwegen und ließ sich in Superior, Wisconsin, nieder. Sie heiratete Lars Roholt, und innerhalb von zehn Jahren schenkte sie sieben Kindern das Leben. Im Laufe von vier Jahren starben das erste, vierte und sechste Kind (alles Jungen). Einer starb mit sechs Jahren an Wundstarrkrampf, einer mit drei Jahren an Fieber und der Dritte mit sechs Monaten an Dehydratisierung. Außerdem wären die übrigen vier Kinder fast an einer Epidemie gestorben.

Nach der Geburt des sechsten Kindes bekam Gramma durch eine Form der Arthritis so stark verkrüppelte Finger, dass sie sich vor Schmerzen nicht mehr selbst kämmen konnte und auf allen Vieren die Treppenstufen hinaufklettern musste. Aber niemand hat sie je klagen gehört. Sie gab ihren Kummer an Gott ab.

Grammas Arthritis wurde bedeutend besser, als sie und ihre Familie aus dem kalten feuchten Klima des *Lake Superior* wegzogen. Bald übernahm sie eine leitende Funktion in ihrer Gemeinde.

Sie wurde für jeden zum Segen, der mit ihr zu tun hatte. Und dann schenkte sie noch einmal sieben Kindern das Leben!

Als sie Anfang Fünfzig war, wurde sie erneut von Arthritis befallen. Bis zum Ende ihres Lebens litt Gramma immerzu unter Schmerzen. Und doch war die negativste Bemerkung zu diesem schmerzhaften Zustand, die ich aus ihrem Mund je gehört habe, dass sie dadurch leider nicht mehr so viel für andere tun könne. Mit ihrem schwerfälligen norwegischen Akzent meinte sie: »Wenn ich nur zwei gesunde Beine hätte, würde ich rennen und springen wie ein junges Küken!«

Eines Tages – Gramma war zweiundneunzig Jahre alt und wohnte bei meinen Eltern – humpelte sie am Stock aus ihrem Schlafzimmer und sagte zu meiner Mutter: »Blanche, stell dir vor, ich las gerade in dieser Zeitung und ich habe ein Wort gefunden, mit dem man den Typ Mensch beschreibt, wie ich einer bin.« Das Wort hieß *Optimist.*

Und damit hatte sie mehr als Recht. Sie war auch eine Überwinderin, jemand, der den Nöten anderer mehr Beachtung schenkte als ihren eigenen, und jemand, der immer nach Möglichkeiten suchte, den Sieg, den sie durch Jesus errungen hatte, mit anderen zu teilen. Sie war in jeder Hinsicht eine »Segensträgerin«.

Großeltern haben sehr viele Möglichkeiten, Enkelkinder zu segnen. Sie spielen eine vitale Rolle im Leben von Kindern. Großeltern haben oft die Zeit und die Charaktereigenschaften, die man Kindern entgegenbringen sollte.

Weder Vater noch Mutter, ja nicht einmal beide Eltern gemeinsam, können die ständigen Bedürfnisse eines Kindes immerzu befriedigen.

Weder Vater noch Mutter, ja nicht einmal beide Eltern gemeinsam, können immerzu die ständigen Bedürfnisse eines Kindes befriedigen. So kann die Unterstützung durch zusätzliche Erwachsene das Leben von Kindern bereichern und für alle segensreich sein. Für die meisten Eltern ist es wirklich extrem schwierig, einem Kind ständig die erforderliche Zuwendung, Aufmerksamkeit und das notwendige Wohlwollen zu schenken.

Umsichtige erwachsene Christen können »segnende Aktivisten« werden. Achten Sie auf Menschen, denen Sie ein gut durchdachtes, Mut machendes Wort schenken können. Die Welt ist voller Gelegenheiten, echte, liebevolle Komplimente zu machen, ein Wort zu sagen, das einem Kind den Tag erhellt, oder ihm zu zeigen, dass Sie es ernst nehmen.

Es braucht nicht viel Zeit, täglich einen oder zwei Segen auszusprechen. Achten Sie darauf, wo Sie eine Gelegenheit finden, ein Kind zu segnen. Bitten Sie Gott, Ihnen zu zeigen, was Sie tun können, um mit dem Segnen von »fremden« Kindern zu beginnen.

Das Empfangen von Segen ist in der Bibel nicht auf Kinder begrenzt. Menschen jeden Alters sollen die Gnade und Kraft Gottes erfahren. Wir alle sind in unserem Innern noch Kinder. Wenn das Kind in uns nie gesegnet wurde, sucht es immer noch nach Gottes Segen. Die Suche hört auch bei Erwachsenen nicht auf.

Es kann sein, dass ein Bruder oder eine Schwester Gottes Segen braucht oder vielleicht ein Freund oder ein Mitarbeiter.

Die meisten von uns haben viele enge Kontakte zu Erwachsenen außerhalb ihrer Familie. Diese Beziehungen geben Gelegenheiten, Freunde und Bekannte zu segnen.

Zahlreiche Menschen, seien es Kinder oder Erwachsene, warten auf jemanden, der ihnen Gottes Segen zuspricht. Die Möglichkeiten zu segnen sind endlos. Fangen Sie heute damit an!

»Gott hat die Macht,
euch vor dem Versagen zu bewahren
und dahin zu bringen,
wo ihr fehlerlos und voll Freude
seine Herrlichkeit sehen werdet.
Ihm, dem einzigen Gott, der uns rettet
durch Jesus Christus, unseren Herrn,
gehören Herrlichkeit, Hoheit, Macht
und Herrschaft von Ewigkeit her,
jetzt und in alle Ewigkeit!
Amen.

Judas 24.25

9. Kapitel

Segnen als ein Lebensweg

Mein Vater wurde von allen gemocht. Von allen, außer von Mr und Mrs Aune. Sie waren dreizehn Jahre lang unsere Nachbarn. Ihre Ablehnung hatte keine persönlichen Gründe. Jedenfalls nicht zu Beginn.

Zwanzig Jahre bevor wir in das Haus neben dem unserer Nachbarn gezogen waren, hatten die Aunes eine schwere Auseinandersetzung mit einem Mitglied ihrer Kirche gehabt. Anstatt den Konflikt zu bereinigen, wurden sie äußerst verbittert, und zwar nicht nur über dieses eine Mitglied oder gegen die Mitglieder ihrer Kirchengemeinde. Nein, sie waren über jeden verbittert, der irgendwo zu einer Kirche oder Gemeinde gehörte. Und das sagten sie auch unverhohlen jedem, der es hören wollte oder nicht.

Als wir die Aunes kennen lernten, waren sie Mitte sechzig. Als sie erfuhren, dass wir Christen sind, wollten sie mit uns und unserem Glauben nichts zu tun haben. Wir respektierten das und versuchten, ihren Wünschen zu entsprechen. Aber Gott hatte andere Pläne.

Unser Haus lag auf einem großen Grundstück am See, sodass unser Hund Schultz ausreichend Auslauf hatte. Aber ihm war unser Grundstück nie groß genug und so stattete er dem Gelände der Aunes oft einen Besuch ab. Die Grenzüberschreitungen unseres

Hundes ärgerten ganz besonders Mrs Aune. Sie machte ihrem Ärger Luft, indem Sie ihm alles Mögliche hinterherrief, aber Schultz verstand kein Wort. Sie beschwerte sich sogar bei der Stadtverwaltung über Schultz. Wir versuchten, unseren Hund in der Nähe unseres Hauses zu halten. Doch sobald ein Boot mit einem Wasserskifahrer an unserem Terrain vorübersauste, gab es für Schultz kein Halten mehr.

Schließlich kam der Tag, an dem Mrs Aune und Schultz aneinander gerieten. Sie war in ihrem Garten und stach Löwenzahn aus. Dazu benutzte sie ein Gartenmesser mit einer scharfen, zweischneidigen Klinge und einem langen Holzstil. Als Schultz durch ihren Garten raste, schnellte Mrs Aune wie ein Baseball-Pitcher hoch und warf das tödliche Geschoss nach Schultz. Zum Glück war sie außer Übung und die Lanze segelte haarscharf über den Rücken unseres Hundes hinweg.

Minuten später polterte Mrs Aune gegen unsere Tür. Mein Vater, der die Begegnung zwischen Schultz und Mrs Aune vom Fenster aus beobachtet hatte, öffnete die Tür und begrüßte unsere Nachbarin.

Die folgenden Augenblicke werde ich nie vergessen. Als mein Vater unsere Haustür öffnete, sprang Mrs Aune vor Wut wie ein Gummiball auf und ab.

Lauthals schrie sie meinen Vater an. Sie hörte gar nicht mehr auf zu schreien. Als ihr keine Worte mehr einfielen, blieb sie still stehen und stotterte wie ein alter Motor. Endlich war ihr der Sprit ausgegangen und sie hielt inne. Mein Vater antwortete mit einem vor Mitleid überfließenden Herzen: »Meine liebe Mrs Aune, es tut mir sehr Leid, dass wir Sie so aufgeregt haben. Können Sie uns das jemals verzeihen? Wir werden alles tun, damit das nicht noch einmal vorkommt. Gott segne Sie, Mrs Aune.« Sie blieb einen Moment lang sprachlos stehen. Sie war entwaffnet. Wortlos drehte sie sich auf ihrem Absatz um und eilte durch unseren Garten schnurstracks zu ihrem Haus zurück.

Wochenlang war von Mr und Mrs Aune nichts mehr zu sehen. Mein Vater machte sich schon Sorgen. Ihr Rasen, der normalerweise sorgfältig gemäht wurde, wuchs und wuchs und schrie förmlich nach dem Rasenmäher. Nach einigen Anstößen meines Vaters ließen mein Bruder und ich uns endlich erweichen, den Rasen der Aunes zu mähen. Damals waren wir etwa vierzehn und sechzehn Jahre alt und ganz und gar nicht begeistert davon, diesen schönen warmen Sommertag auf diese Weise zu verbringen! Es dauerte den ganzen Tag, das Gras unserer Nachbarn zu mähen und zusammenzuharken, aber wir taten es, wenn auch nicht ohne Widerwillen.

Während wir bei der Arbeit waren, gaben die Aunes kein Lebenszeichen von sich. Aber wir wussten, dass sie in ihrem Haus sein mussten. Zwei Wochen später protestierten mein Bruder und ich gewaltig, als mein Vater uns wieder bat, den Rasen der Nachbarn zu mähen. Dieses Mal sahen wir, wie Mrs Aune hinter ihren Gardinen stand und uns beobachtete.

Zwei weitere Wochen waren vergangen, als mein Vater über den Rasen der Aunes blickte und uns fragte: »Nun, wie sieht es mit euch aus, Jungs?« Wir wussten, was das für uns hieß. Dieses Mal kam Mrs Aune, kurz bevor wir fertig waren, mit einem Tablett heraus, auf dem für jeden von uns ein Glas Limonade stand. Sie dankte uns dafür, dass wir ihren Rasen mähten, und erklärte uns, dass ihr Mann Al krank geworden sei. Wir sagten, das tue uns Leid und wir würden uns freuen, wenn wir ihr irgendwie helfen könnten. Im Herbst rief Mrs Aune bei uns an. »Können Sie schnell herüberkommen? Al geht es sehr schlecht.« Mom und Dad eilten zum Nachbarhaus. Mrs Aune führte sie ins Schlafzimmer, in dem ihr Mann lag. Sie sprachen mit Mr Aune über seine Krankheit, seinen Ärger mit der Kirche, über den Zustand seiner Seele und die Erlösung durch das Blut Christi, das ihn reinigen könne. Mr Aune hörte gut zu, dankte meinen Eltern und bat sie, doch wiederzukommen.

Im Laufe der folgenden Wochen besuchten Mom und Dad die Aunes mehrmals. Schließlich kam der Tag, an dem beide, Mr und Mrs Aune, beteten und Christus als ihren Erlöser annahmen. Ich kann mich noch gut an die Freude meiner Eltern erinnern, während sie uns davon berichteten.

Zwei Wochen später ging Mr Aune heim. Mrs Aune trat unserer Gemeinde bei und sog die Botschaft in sich auf. Im darauf folgenden Sommer wurde sie im *Wissota-See* getauft. Sie wuchs im Glauben und wurde eine gute Freundin unserer Familie. Einige Jahre später folgte sie ihrem Mann. Was wäre aus Mr und Mrs Aune geworden, wenn mein Vater der Nachbarin an jenem Sommernachmittag irgendeine barsche Antwort gegeben hätte? Stattdessen benutzte Gott eine sanfte Antwort, ein freundliches Wort, eine liebevolle Tat, einen Segen, um sein Königreich auf dieser Erde auszubreiten.

Vieles, was ich über das Segnen gelernt habe, habe ich von meinem Vater gelernt.

Die Reaktion meines Vaters auf Mrs Aunes Schimpftirade damals war keine Ausnahme christusähnlichen Verhaltens. Vieles, was ich über das Segnen gelernt habe, habe ich von meinem Vater gelernt. Er wusste nicht nur, wie man Menschen segnet, er machte Segnen zu seinem Lebensstil.

Das biblische Porträt von König David zeigt uns einen Mann, der das Segnen ebenfalls zu seinem Lebensstil gemacht hatte. Das Wort *segnen,* das in der Bibel in verschiedenen Formen sehr häufig vorkommt, wird David allein über 70-mal zugeschrieben. Bei einer besonderen Gelegenheit, als er die Bundeslade des Herrn von seinen Feinden zurückerobert hatte, tat dieser König etwas, das uns als Beispiel dienen sollte. Er sprach seinen Segen in drei Richtungen. Wir lesen, dass er Gott für seine Güte lobte und sprach: »Gepriesen sei der Herr, der Gott Israels, vom Anfang der Zeiten bis in alle Zukunft« (1. Chronik 16,36). Außerdem segnete er alle Menschen um sich herum: »David opferte Gott Brandopfer und schlachtete Tiere für das Opfermahl. Nach dem Mahl segnete er das Volk im Namen des Herrn« (1. Chronik 16,1–2). Und er segnete seine Familie: »... und David kehrte auch heim, sein Haus zu segnen« (1. Chronik 16,43; Luther).

Wenn wir die Geschichte Davids in der Bibel lesen, lesen wir von einem Mann, der Gott offensichtlich immerzu lobte und seine Familie und sein Volk segnete. Sein Sohn Salomo war von dem Vorbild, das sein Vater ihm in dieser Hinsicht gewesen war, offensichtlich so beeindruckt, dass er in seine Fußstapfen trat (1. Könige 8,12–15). Darum wundert es nicht, dass König David, der Mann, der so viel gelobt und gesegnet hat, »ein Mann nach dem Herzen Gottes« genannt wurde, der alles tat, was Gott von ihm verlangte (Apostelgeschichte 13,22, Luther).

Den Einflussbereich erweitern

Der Familiensegen, der regelmäßig über den Kindern ausgesprochen wird, ist lediglich das Zentrum eines Kreises, der immer größer wird und sich auf alle Lebensbereiche und Beziehungen auswirken kann. Mit dem Segnen zu beginnen erscheint zunächst wie eine Hürde. Das Schöne daran ist, dass die Veränderung schon mit dem ersten Segen beginnt. Eine kleine Verpflichtung, die nur wenige Minuten in Anspruch nimmt, verspricht lebenslange, positive Auswirkungen.

Die Veränderung beginnt mit dem ersten Segen.

Sobald wir gelernt haben, in kleinen Dingen treu zu sein, können wir auch in größeren Dingen treu sein (Matthäus 25,21).

Mit dem Segnen der eigenen Kinder und anderer Menschen ist es wie mit vielen Verpflichtungen, die wir als Christen übernehmen: Sie werden allzu leicht vernachlässigt und unter den Teppich gekehrt. Das Problem des »Unter-den-Teppich-Kehrens« entsteht dadurch, dass bald so viel an Gutem und Bösem unter dem Teppich liegt, dass wir nicht mehr wissen, wo wir überhaupt noch mit dem Saubermachen beginnen sollen. Das ist ganz normal. Es passiert jedem von uns. Aber letztendlich müssen wir uns mit dem befassen, was unter dem Teppich liegt. Darum ist es besser, wir beginnen sofort damit, als es wieder aufzuschieben. Es ist eine Lüge zu glauben, dass es in Ordnung ist, den Kehricht in unserem Leben zu haben, solange er nur verborgen bleibt.

Ich bin geistlich gesehen durch eine sehr schwierige Zeit gegangen. Unter meinem Teppich – in allen Ecken und in jedem Schrank meines Lebens – hatte sich so viel Unrat angesammelt, dass ich anfing, durchzudrehen und wichtige Dinge zu vernachlässigen. Als sich die Sache bis zur Verzweiflung steigerte, flehte ich Gott um Hilfe an.

Er begann, mein Herz wunderbar zu reinigen. Er ging durch jedes Zimmer meines Herzens und leuchtete mit dem milden Licht seines Heiligen Geistes in jeden dunklen Winkel. Er machte mir keine Vorwürfe, und er verurteilte mich nicht. Vielmehr gab er mir die Gewissheit, dass alles wieder in Ordnung kommen würde.

Ich fragte ihn: »Herr, wie soll ich denn mit dem ganzen Schmutz fertig werden?« Und er antwortete: »Mach dir darum keine Sorgen. Wir gehen ein Zimmer nach dem anderen durch.« Da wurde ich an die tröstlichen Worte erinnert, die Paulus an die Philipper gerichtet hat: »Ich bin ganz sicher: Gott wird sein Werk, das er bei euch angefangen hat, auch vollenden bis zu dem Tag, an dem Jesus Christus kommt« (Philipper 1,6).

An jenem Tag, als Gott mit dem Saubermachen bei mir anfing, fiel mein Blick auf einen Artikel in unserer Lokalzeitung. Es ging um eine alte, stattliche Villa in St. Paul, Minnesota, auf die ihre ursprünglichen Besitzer einmal sehr stolz gewesen waren und in der diese sich äußerst wohl gefühlt hatten.

Im Laufe der Jahre war die Villa so verfallen und verwahrlost, dass sie nicht mehr repariert werden konnte. Das Haus sollte abgerissen werden.

Nur wenige Tage vor dem geplanten Abrisstermin fuhr ein junges Paar vor das alte Haus, sah über den äußeren Anschein der verfallenen Villa hinweg und stellte sich vor, was sich aus dem alten Gemäuer würde machen lassen. Die beiden entschlossen sich, das Haus zu kaufen. Schließlich wurde ein unüblicher Vertrag abgeschlossen: Die Stadt verkaufte dem Paar die Villa für einen Dollar, allerdings unter der Bedingung, dass es am geplanten Abrisstag in das Haus einziehen musste. Das junge Paar war einverstanden. Das Haus war feucht, Ratten liefen überall herum, Scheiben waren zerbrochen. Es war nur noch zum Abreißen zu gebrauchen, wie alle dachten – alle außer den neuen Besitzern. Nach dreijähriger Renovierungszeit zeugte jedes Zimmer des Hauses von der Hand des jungen Paares. Als der Zeitungsreporter, der die beiden interviewte, nun fragte, wie sie es geschafft hatten, mit dieser Aufgabe fertig zu werden, antworteten sie: »Wir sind zunächst durch jedes Zimmer gegangen und haben überlegt, was man daraus machen könnte, und haben uns dann entschlossen, immer nur ein Zimmer nach dem anderen in Ordnung zu bringen, bis schließlich alles geschafft sein würde.«

Ich bin sehr dankbar, dass Gott in seiner Weisheit mit uns genauso umgeht. Wir sind alle wie so eine Baustelle, an der sein Geist Stück für Stück arbeitet. Das sollte uns Hoffnung geben für alle Veränderungen, die in unserem Leben und in dem Leben unserer Kinder anstehen.

Ich bete zu Gott, dass er zu Ihnen spricht. Vielleicht lässt er Sie über einigen Kehricht unter Ihrem Teppich stolpern und bietet Ihnen seine Hilfe an, die Sache in Ordnung zu bringen.

Lassen Sie sich von Gott helfen, die Dinge heute zu bereinigen. Lassen Sie es zu, dass Gott damit anfängt, sein Wesen durch sein Wirken in Ihrem Leben sichtbar zu machen, so wie die renovierte Villa von der Hand des Ehepaars zeugte, das sie gekauft hatte.

Wir sind alle wie eine Baustelle, an der der Heilige Geist Stück für Stück arbeitet.

Vielleicht klingt einiges von dem, was ich in diesem Buch geschrieben habe, für Sie gut und richtig, während Sie andere Punkte ganz und gar nicht mit Ihren Erfahrungen in Übereinstimmung bringen können. Genauso soll es sein. Es ist wie bei einem skandinavischen Smörgåsbord: Sehr wahrscheinlich schmeckt es Ihnen im Ganzen sehr gut, aber einzelne Zutaten nicht so richtig. Darum nehmen Sie jetzt das, was Ihnen gut tut, und lassen Sie es in Ihrem Leben wirken.

Beginnen Sie mit dem, was Ihnen am Wichtigsten ist. Vielleicht brauchen Sie eine Erneuerung der Beziehung zu Ihren Eltern, die Sie nie gesegnet haben. Vielleicht brauchen Sie die Vergebung Ihrer Kinder, die erwachsen sind und Ihr Haus schon verlassen haben. Vielleicht möchte Gott, dass Sie gut über andere reden. Was es auch sein mag, fangen Sie heute damit an.

Es ist nicht notwendig, dass Sie alles verstehen, bevor Sie mit etwas beginnen. Fangen Sie an, die Prinzipien des Segnens anzuwenden, und fangen Sie genau da an, wo Sie stehen. Wenden Sie an, was Sie verstehen, und machen Sie lieber einige Fehler dabei als abzuwarten, bis Ihnen alles klar ist. Mit der Zeit wird sich vieles klären.

Haben Sie keine Angst, anfangs etwas zu »verpfuschen«. Andere werden Sie unterstützen und Ihnen helfen. Wenn Sie das, was Sie tun, mit aufrichtigem Herzen tun, wird Gott den Rest erledigen.

Fangen Sie heute an zu segnen! Durch Segen entsteht ein reicher Lohn, der von dem Zeitpunkt an, in dem Sie mit dem Segnen anfangen, größer wird. Der Apostel Paulus sagt: »Jeder von uns ... hat von Gott seine besondere Aufgabe bekommen. Ich habe gepflanzt, Apollos hat begossen; aber Gott hat es wachsen lassen ... Gott [wird] jeden nach seinem persönlichen Einsatz belohnen« (1. Korinther 3,5–6.8). Gott hat uns die Aufgabe zugedacht, andere zu segnen. Er wird es Ihnen lohnen!

Vielleicht besteht einmal die größte Belohnung des Segnens darin, dass wir unsere Kinder leichter loslassen können. Das ist ein Erbe, das mein Vater mir und meinen Brüdern hinterlassen hat.

Ich habe meinen Vater sehr geschätzt. Er hat hart gearbeitet und gut gewirtschaftet. Und er konnte seiner Frau und seinen Söhnen seine Liebe zeigen.

Bei jeder Begrüßung umarmte er uns und sagte: »Ich liebe dich«. Er hat meine Mutter nie hart angefahren und ich habe nicht ein Mal gehört, dass sie sich laut gestritten oder gezankt hätten.

Wenn ich als Kind morgens verschlafen aus meinem Zimmer wankte, sah ich Dad auf der Couch liegen und seine Bibel lesen oder beten. Was ihn vor allem motivierte, war, dass seine drei Söhne Gott kennen und aufrichtig lieben lernen sollten.

Meine Eltern beteten jeden Tag gemeinsam. Zu ihrem Gebet gehörte die Bitte, dass jeder Sohn eine Frau finden möge, die ihn liebt und seinen Glauben und sein Leben für Gott mit ihm teilt. Diese Gebete sind wunderbar erhört worden.

Als Mary und ich heirateten, erhielten wir viele schöne Geschenke und gute Wünsche. Ein Geschenk, das uns an unserem Hochzeitstag besonders wertvoll war, war der Bibelvers, den meine Eltern uns als Segen mitgaben: »Seid aber untereinander freundlich und herzlich und vergebt einer dem andern, wie auch Gott euch vergeben hat in Christus« (Epheser 4,32; Luther).

Dad hatte immer einige Kurzgeschichten auf Lager, sei es bei der Arbeit oder im Privaten. Eine meiner Lieblingsgeschichten von denen, die er uns Kindern gern erzählte, handelte von einem kleinen Mädchen in Norwegen, das seine Mutter fragte, wann Jesus wiederkäme.

»Nun, wir wissen leider nicht, wann das sein wird. Er kann jederzeit wiederkommen«, antwortete die Mutter.

Die kleine Tochter dachte einen Augenblick nach und sagte: »Mama, dann ist es ja ganz wichtig, dass wir unsere Koffer gepackt haben, oder?«

Das Gepäck meines Vaters stand immer bereit. Er war jederzeit bereit zu sterben.

An einem kalten Januarmorgen im Jahr 1985 standen meine Eltern wie immer früh vor Sonnenaufgang auf und setzten sich in ihre Lieblingssessel, um gemeinsam zu lesen und zu beten. Neben der Bibel gehörte ein Andachtsbuch des norwegischen Schriftstellers Frederick Wisloff zu Vaters Lieblingsbüchern. Es trug den Titel: *Rest a While* (dt.: Ruhe ein wenig aus). Er hatte es schon x-mal auf Norwegisch und auf Englisch gelesen. An jenem Morgen las er den folgenden Abschnitt:

»Zu Ende gewebt habe ich mein Leben wie ein Weber; er schneidet mich ab vom Faden.«
Jesaja 38,12 (Luther)

Das Leben eines Menschen gleicht einem Teppich, der gewebt wird. Tag für Tag geht das Weberschiffchen hin und her und der Teppich wächst. Mit jedem Faden wird das Muster mehr und mehr sichtbar. Ein Faden ist so hauchdünn. Und doch ergeben unzählige solcher Fäden einen ganzen Teppich. Wenn nur einige Fäden unsauber gewebt sind, ist das Muster verdorben.

Ein Tag scheint so kurz und unbedeutend zu sein. Und doch ist jeder Tag ein wichtiger Teil meines ganzen Lebens. Wenn ein einzelner Tag unsauber und nachlässig gelebt wird, welche Auswirkungen hat er auf das Muster meines Lebens?

Sobald der Teppich fertig gewebt ist, wird er aufgerollt, und die Fadenenden werden abgeschnitten. Danach kann er nicht mehr weitergewebt werden.
Er wird zur Seite gestellt, bis er in einer Ausstellung seine Beurteilung findet.

Lieber Gott, hilf mir, dass der Teppich meines Lebens ordentlich gewebt wird. Ich gebe dir das Weberschiffchen in die Hand. Mach mit mir, was du willst, aber lass dein Bild eines Tages als Muster in meinem Teppich erscheinen, wenn die Fäden meines Lebens abgeschnitten werden und der Teppich beurteilt wird.«[1]

Als Dad zu Ende gelesen hatte, weinte er und schüttete seinem himmlischen Vater im Gebet das Herz aus. Dad weinte sehr selten – außer beim Beten. Wenn er betete, wurde er oftmals von Gottes Liebe so überwältigt, dass er aus Dankbarkeit weinte. An jenem Tag war er für alles, was Gott an ihm getan hatte, so unendlich dankbar.

Im Gebet brachte Vater wie immer seine Frau, seine Söhne und deren Familien vor Gott. Schließlich betete er für sich selbst, dass ein unsauber gewebter Faden den Teppich seines Lebens nicht verpfuschen möge. Er bat Gott darum, dass er ihn auf jedem Gebiet von jeder Sünde seines Lebens reinigen möge, damit er gereinigt vor ihm bestehen könne.

An jenem Abend aßen mein Bruder und seine Frau bei meinen Eltern zu Abend. Als sie anschließend noch um den Tisch saßen, sagte mein Vater: »In letzter Zeit habe ich sehr oft geträumt. Merkwürdigerweise ist es fast immer derselbe Traum. Ich sehe mich als einen von vielen Gläubigen vor dem Thron Gottes stehen und wir loben gemeinsam den Herrn. Manchmal blicke ich umher und erkenne einige Freunde wieder. Anschließend stelle ich fest, dass diese Freunde alle schon gestorben sind. Glaubt ihr, dass dieser Traum eine Bedeutung hat?«

Mein Bruder und seine Frau wussten nicht recht, was sie sagen sollten. Erst zwei Tage zuvor hatte Dad eine gute Freundin umarmt und zu ihr gesagt: »Weißt du, Terry, ich sehne mich richtig danach, bei meinem Herrn zu sein. Kannst du das verstehen?«, und so fragten sich mein Bruder und seine Frau, was das alles zu bedeuten habe.

Nachdem sie noch miteinander etwas Eis gegessen und die Nachrichten gesehen hatten, gab Dad meiner Mutter einen zärtlichen Kuss, sagte, wie sehr er sie liebe, seufzte tief und – war nicht mehr. Er war heimgegangen zu seinem Herrn, den er geliebt und dem er gedient hatte. Er war achtundsiebzig Jahre alt geworden.

Es vergeht nicht ein Tag, ohne dass ich an meinen Vater denke. Eines Tages, als mein Sohn durch eine Glaubenskrise ging, hatte ich das Gefühl, ich sollte Carlton im College besuchen. Wir hatten an jenem Abend ein gutes Gespräch miteinander und Carlton erinnerte sich an frühere Zeiten.

»Dad«, sagte er, »vor vier Jahren, als Opa noch lebte, habe ich ihn und Oma mal besucht. Wir haben uns eine Weile unterhalten, und als ich gehen wollte, umarmte ich beide, gab jedem einen Kuss und sagte zu ihnen: ›Ich liebe euch!‹ Darauf antwortete Großvater: ›Carlton, du weißt, mein größter Wunsch für dich ist, dass du den Herrn kennen lernst und ihn von ganzem Herzen lieb hast.‹

Weißt du, Dad«, meinte Carlton, »das waren die letzten Worte, die Großvater zu mir gesagt hat.« Da weinten wir beide.

Einige Wochen nachdem Dad heimgegangen war, räumte Mom in ihrer Wohnung auf. Sie fand einen handgeschriebenen Brief von Dad an seine drei Söhne und ihre Familien. Er berichtete darin von seiner Kindheit in Norwegen, davon, wie er unsere Mutter kennen gelernt hatte, und von seiner Liebe zum Herrn. Bevor er seinen Brief zu Ende brachte, wollte er aber auch sicher gehen, dass wir wussten, was ihm am meisten am Herzen lag:

Bevor ich diesen Brief beende, sollt ihr wissen, dass wir euch alle sehr lieb haben, euch, unsere Kinder, Schwiegerkinder, Enkel und Urenkel. Wir beten für euch und erwähnen jeden Tag eure Namen vor dem Thron der Gnade. Unser dringendster Wunsch ist, dass wir uns alle eines Tages in der Herrlichkeit wieder sehen. Bleibt in der Nähe Jesu, so wird er nahe bei euch sein. Jesus spricht: »Fürchtet euch nicht, denn ich bin bei euch. Seid nicht ängstlich, denn ich bin euer Gott, ich will euch helfen und stärken und halte euch mit der rechten Hand meiner Gerechtigkeit.«

Mit diesen Worten gab Vater uns seinen Segen. Im umfassenden Sinn war sein ganzes Leben ein Segen. Er kannte das Herz Gottes und er wünschte sich, dass seine drei Söhne und ihre Familien ebenso das Herz Gottes kennen lernten. Darauf hatte er sein Leben ausgerichtet – ein Lebensziel, das meine Mutter teilte und durch Gebet und Segen weiterverfolgte.

Was ist der Familiensegen? Mit dem Familiensegen verpflichte ich mich aktiv, unseren Kindern das Beste zu vermitteln, was es gibt: dass sie den Herrn, ihren Gott, von ganzem Herzen kennen und lieben lernen.

Vielleicht hilft die Geschichte von meinem Vater dabei, einen Blick für den gesamten Rahmen des Lebens zu gewinnen. Jedes kleine Wort, jede Interaktion mit unseren Kindern ist ein Faden, der mit vielen anderen Fäden den Charakter unserer Kinder formt. Welches Muster wird dabei entstehen? Jedes Verhalten, das wir kultivieren, wird eingeknüpft in den Teppich unseres eigenen Lebens. Was für ein Muster wird unser Teppich tragen, wenn wir ihn eines Tages Gott zur Beurteilung vorlegen? Wenn wir es lernen, wie mein Vater das Segnen zu unserem Lebensstil zu machen, wird der Teppich unserer Kinder fest geknüpft sein. Der Teppich, den wir ihnen als ein Erbe hinterlassen, wird sehr schön sein. Der Herr wird uns ganz bestimmt segnen und uns behüten; der Herr wird sein Angesicht über uns leuchten lassen und uns gnädig sein; der Herr wird sein Angesicht über uns heben und uns seinen Frieden geben. Gibt es einen größeren Segen, den wir für uns erbitten könnten?

Mit dem Familiensegen verpflichte ich mich aktiv, unseren Kindern das Beste zu vermitteln, was es gibt: dass sie den Herrn, ihren Gott, von ganzem Herzen kennen und lieben lernen.

Zusammenfassung

- Heute ist der Tag, an dem Sie mit dem Segnen Ihrer Kinder beginnen sollten. Es ist nie zu früh für Ihre Kinder, um von dem von Ihnen erteilten Segen profitieren zu können. Lesen Sie dieses Buch einmal im Monat durch oder so lange, bis andere zu segnen Ihnen ein Anliegen ist, das in Ihrem Herzen verwurzelt ist. Nutzen Sie die Zeit voll aus, die Ihnen dazu zur Verfügung steht – und fangen Sie heute an!
- Finden Sie eine feste Zeit für den Familiensegen. Es gibt keine falsche oder richtige Zeit. Auch die Häufigkeit spielt dabei keine Rolle – beten Sie und fragen Sie Gott, was das Beste für Ihre Familie ist. Aber denken Sie daran: Eine feste Struktur und Beständigkeit sind für kleine Kinder besonders wichtig.
- Bitten Sie Gott um Weisheit, welcher biblische oder welcher von der Bibel inspirierte Segen für Ihre Familie richtig ist, und wenden Sie ihn an. Denken Sie daran: Es muss nicht immer derselbe Segen sein.
- Erklären Sie Ihren Kindern, was ein Segen ist und warum Sie ihnen den Segen zusprechen. Vergessen Sie nicht, Ihr Kind, während Sie es segnen, zu berühren (es in den Arm zu nehmen, die Hand auf seinen Kopf oder seine Schulter zu legen usw.).
- Ergänzen Sie den Segen mit einem Gebet für Ihre Kinder und stellen Sie sich auf erstaunliche Ergebnisse ein!
- Berichten Sie anderen über den Wert des Segnens. Erklären Sie Tanten, Onkels, Großeltern und Freunden, was Sie tun, und machen Sie ihnen Mut, dass auch sie beginnen zu segnen. Machen Sie ihnen Mut, entweder die Segenssprüche jeweils am Ende der einzelnen Kapitel dieses Buches zu wählen oder ihren eigenen, von der Bibel inspirierten, Segen zu formulieren.
- Erzählen Sie Ihrem Pastor, was Sie vorhaben, und bitten Sie ihn, für Sie zu beten, wenn Sie mit dem Segnen beginnen.
- Suchen Sie nach Gelegenheiten, andere Menschen zu segnen (Nachbarn, Mitarbeiter, Freunde usw.). Machen Sie das Segnen zu Ihrem Lebensstil.

Anmerkungen

1. Kapitel

[1] Larry Christensen, *The Christian Family;* Bethany Fellowship, Minneapolis, 1970, S. 195–197. Das Kapitel »Presenting Your Children to God Through Blessing« (dt.: Unsere Kinder durch Segnen in Gottes Gegenwart bringen) dieses ausgezeichneten Buches gab mir den ersten Anstoß zum Familiensegen.

2. Kapitel

[1] Larry G. Lenning, *Blessing in Mosque and Mission,* William Carey Library, Pasadena, 1980, S. 74. In Kapitel 2 habe ich viel Material aus dieser hervorragenden Studie über das Segnen entnommen.

[2] John R. Kohlenberger III und James A. Swanson, *New International Version Exhaustive Concordance,* 2nd. Ed., Zondervan, Grand Rapids, 1999.

3. Kapitel

[1] aus *Anatevka* von Jerry Bock, Sheldon Harnick und Arnold Perl. Music and Lyrics copyright 1964 von Sunbeam Music Corp. Mit Genehmigung.

4. Kapitel

[1] Zig Ziglar, *See You at the Top,* Pelican Publishing Company, Inc., Gretna, Copyright 1975, 1977 von Zig Ziglar, S. 118–119.

5. Kapitel

[1] Gary Smalley & John Trent, *The Blessing,* Thomas Nelson, Nashville, 1986, S. 61.

[2] Lenning, S. 94–95.

7. Kapitel

[1] Der »American Dream« ist der Traum, es in Amerika zu etwas bringen zu können.

9. Kapitel

[1] Frederick Wisloff, *Rest a While* (dt.: Ruhe ein wenig aus). Dieses wertvolle Andachtsbuch meines Vaters in Englisch und Norwegisch wurde ursprünglich 1948 in Norwegen unter dem Titel *Hvil Eder Litt,* von Indremisjonsforlaget A. S., Oslo, Norwegen herausgegeben.